Disculpe, es por su seguridad

Título: *Disculpe, es por su seguridad.*
   Negocio y reconversión de la industria del miedo

Autoría: Gabriel Ruiz Enciso
Ilustraciones del interior: Jose Manuel Muñoz Martínez

1.ª edición: Febrero 2025, Barcelona

Colección: *Barricada Present*
Descontrol Editorial

C/Constitució 19, Can Batlló, Nau 85-90, 08014 Barcelona
www.descontrol.cat | Tel. 93 4223787

ISBN: 978-84-18283-86-4

Depósito legal: B 2181-2025

Edición: Descontrol Editorial | editorial@descontrol.cat
Maquetación y diseño: Descontrol Editorial
Ilustraciones del interior: Jose Manuel Muñoz Martínez
Impreso en: Descontrol Impremta | impremta@descontrol.cat
Distribución: Descontrol Distribució | distribucio@descontrol.cat

---

Disculpe, es por su seguridad

Negocio y reconversión de la industria del miedo

Gabriel Ruiz Enciso

Ilustraciones del interior:
Jose Manuel Muñoz Martínez

EDITORIAL

Prólogo

La seguridad ha emergido como una de las principales cuestiones en la agenda política y social, y no es casualidad. Sin que la clase trabajadora se haya recuperado de la crisis del 2008 y con la desigualdad en aumento -con una acumulación de riqueza y recursos cada vez en menos manos-, vivimos uno de los momentos de incertidumbre económica, social y climática más profundos de las últimas décadas. A su vez, partidos políticos y medios de comunicación avivan constantemente la preocupación por la inseguridad, culpabilizando y poniendo el foco sobre los sectores socioeconómicamente más precarios, sobre todo en la personas migrantes, dividiendo a la clase trabajadora y desactivando su capacidad de movilización en la defensa y conquista de derechos.

Esto genera, por un lado, angustia e inseguridad ante un futuro que nos es incierto en muchos sentidos; y, por otro, cronifica la extinción de vínculos sociales, la desigualdad y la desesperación, generando un caldo de cultivo favorable a la proliferación de conflictos de convivencia y actos delictivos.

Así pues, mientras una mayoría social ve cómo empeoran sus condiciones de vida, quienes salen beneficiados se encargan de protegerse a ellos mismos, desviando nuestra mirada y generando falsos monstruos a quién poder culpar de todos los problemas. Deshumanizando y señalando, en muchas ocasiones, a las personas más perjudicadas por la desigualdad y, por ende, por la inseguridad. Creando un enemigo a quién castigar con mayor mano dura, mientras sus privilegios se refuerzan. Una receta muy poco efectiva

7

para reducir los delitos y la inseguridad, como demuestra a menudo la investigación criminológica, pero muy útil para justificar el aumento de presupuestos y efectivos policiales y reprimir los estallidos sociales. Todo ello, en un contexto de individualismo creciente, de empeoramiento de la salud mental o sufrimiento psíquico, del sufrimiento físico, de fractura de las comunidades y de llegada de personas que huyen de países ahogados por el extractivismo de recursos y por gobiernos autoritarios tolerados por potencias occidentales. Desgraciadamente, a menudo es mucho más cómodo comprar el discurso de que la amenaza es quien tienes al lado o por debajo en la escala social, que enfrentarte a aquellos que ostentan verdaderamente el poder y que nos explotan para seguir acumulando riqueza.

Las afirmaciones que escribimos no son en vano. El análisis viene acompañado de propuestas que fueron fruto de un proceso de reflexión iniciado en 2021, incluídas en el libreto "Miradas alternativas sobre seguridad", escrito por diferentes integrantes de la Xarxa d'Estructures Populars i Comunitàries de Manresa (XEPC) y que surgió de la preocupación que nos genera la deriva securitària, racista y clasista que desde hace años observamos en las sociedades europeas en general y en nuestra ciudad, Manresa, en particular.

A lo largo de este tiempo, hemos organizado encuentros y espacios de discusión que llevaron a la creación de "A l'aguait" (que podría traducirse como "estar ojo avizor"), un proceso popular de seguridad comunitaria, en febrero del 2023. Desde este espacio hemos generado campañas que ponen en entredicho la idea hegemónica de seguridad, cuyos ejes centrales son el punitivismo (el castigo social, legal y judicial) en lugar de la prevención, la transformación y la reparación, el control social (cámaras, reconocimiento facial y otras tecnologías invasivas) y el control policial (aumento de funciones y efectivos de los denominados fuerzas y cuerpos de seguridad). Un concepto de seguridad que se centra únicamente en las consecuencias de algunos conflictos y violencias sociales, olvidando sus causas profundas.

En el libro, Gabriel Ruíz explora -a través de crónicas cortas y amenas- cómo en nombre de la seguridad se impulsan, desarrollan y ritualizan absurdas medidas que tienen más que ver con el control social y la búsqueda de negocio, que con la defensa del derecho a que nuestra vida no corra peligro. Recurriendo a experiencias propias, mezcladas con estadísticas cuidadosamente seleccionadas y atisbos de ensayo, "Es por tu seguridad" desmenuza los disparatados controles aeroportuarios, cuestiona la razón de ser de muchas empresas que sacan beneficios a base de meter miedo, relata las dificultades para obtener información relativa a la inversión real en militarización y policialización de nuestras sociedades y dilucida cómo a veces la seguridad de algunas pasa por incrementar la inseguridad de muchas. Celebramos muchísimo aportaciones como la que tenéis entre manos, que contribuyen y aportan al debate de la seguridad más allá de la pequeña parcela técnica y especializada que nos han querido hacer creer que es. No podemos permitir que en nombre de nuestra seguridad, construyamos cada vez sociedades más desiguales.

Es imprescindible, en un momento como el actual, que esta crítica a la seguridad ciudadana se expanda y que se transforme en propuesta, en una que el movimiento popular y el conjunto de la sociedad pueda hacerse suya. Esta es nuestra tarea, desenmascarar las mentiras del sistema y a la vez construir desde ahora mismo la sociedad en la que queremos vivir. Esta propuesta no la construiremos aisladas, hace falta que desde cada barrio y cada pueblo se contribuya en esta construcción de relato compartido que

nos permita tumbar esa seguridad elitista que busca prote-
ger la propiedad y el ritmo de vida de unos pocos, a costa de
los derechos y del buen vivir de la mayoría, construyendo
una seguridad basada en la certeza de que existen conflictos, amenazas y riesgos, pero también comunidad, apoyo
mutuo y poder popular.

A l'aguait (Manresa) - @alaguaitmanresa

Introducción

La industria de la seguridad se ha convertido en uno de los negocios más lucrativos del mundo, sus beneficios multimillonarios compiten con los del sector bancario, el dinero generado por las drogas o la prostitución (si es que no es todo lo mismo...).

Pero el preocupante crecimiento de este sector, lejos de crear más seguridad, restringe nuestras libertades y, paradójicamente, nos genera ya una sensación de inseguridad inquietante. Curiosamente, el crecimiento del gasto de los Estados en su obsesión por la seguridad ha venido acompañado de una transformación en las inversiones económicas en la industria armamentística. En pocas palabras, se investigan más, se fabrican más y se compran más armas ligeras, material antidisturbios, escáneres, armas de doble uso, etc.; que además compra masivamente cualquier Estado del mundo (aunque no esté inmerso en conflicto armado alguno, ni haya probabilidad de ello), es una obligación de cualquier gobierno para "garantizar la seguridad de los ciudadanos frente a la amenaza del terrorismo". Esa es la excusa y el secreto de la espectacular explosión económica de este sector.

Llegados a este punto me pregunto si estamos ante una victoria del terrorismo, del sistema económico capitalista, o de ambos. Y en este último caso, sí que podríamos llegar a sacar conclusiones terroríficas...

Con esta publicación, no pretendo dar respuesta a las numerosas preguntas que me hago cada vez que veo un arco de seguridad en espacios inverosímiles. Más bien, pretendo abrir numerosos interrogantes, que nos cuestionemos individual y colectivamente hacia dónde vamos con este concepto de "seguridad" y si hemos convertido esa palabra, en un nuevo eufemismo para evitar hablar de Defensa e Industria armamentística, y para tapar el inmenso derroche improductivo que suponen para cualquier estado los gastos militares.

El tema es desagradable, presenta un panorama desolador, aterrador y sí, una vez más, difícil de cambiar. Pero al mismo tiempo, los testimonios, experiencias, consejos y también dudas de personas cercanas (algunos incluso firmes defensores de esta obsesión por la seguridad) me animaron especialmente a escribir algo más elaborado y fundamentado con un objetivo prioritario: *"Para que no prevalezca, una vez más, sólo la versión de ellos, los poderosos, los de siempre..."*

Por lo tedioso del tema, opté por escribir este texto a partir de capítulos cortos en los que se introducen continuamente experiencias reales, propias y relatadas por otras personas (en algunos casos de dominio público porque tuvieron tal impacto que aparecieron publicadas en numerosos medios) y a partir de ahí, he decidido construir mi opinión, mi versión; pero lo que nadie podrá poner en duda a la luz de los datos, es que estamos ante un inmenso negocio, y eso no es opinable.

CAPÍTULO 1

La ruleta de la fortuna

En agosto de 1998 llegué al aeropuerto de Panamá tras un largo viaje de avión con tránsito en Miami. Tras finalizar mis estudios de Psicología me habían concedido una beca Intercampus de psicología educativa, con una estancia de dos meses en una universidad de este país centroamericano.

Era la primera vez que realizaba un viaje tan largo y la llegada al aeropuerto de Miami me sorprendió, y no gratamente. En cuanto aterrizamos y salimos del avión, un enorme despliegue de seguridad nos custodió a todas las personas que estábamos en tránsito y nos dirigió rápidamente a una sala acristalada completamente cerrada, únicamente con wc y una máquina de bebidas, de la que no podríamos salir bajo ningún concepto. Estábamos "en tránsito" y se nos trataba como inmigrantes "ilegales" o "posibles terroristas", que tenían que pisar suelo norteamericano lo menos posible. Tras varias horas de espera pudimos salir de allí por alguna de las puertas de embarque para tomar nuestro avión. Reconozco que el brusco trato recibido me quitó las ganas de viajar a Miami en un futuro próximo.

Al llegar al Aeropuerto de la ciudad de Panamá, tras recoger mi equipaje, me encontré con un dispositivo de seguridad custodiado por un enorme guardia de seguridad (o policía, no pude identificarlo bien) de más de dos metros de altura y considerablemente grueso. Se dirigió a mi bruscamente y me señaló un arco de seguridad con muchas lucecitas de colores (no he vuelto a ver uno igual en ningún sitio...), a continuación me dijo: "pulse usted el botón de la izquierda, si la lucecita se pone roja, entonces tendrá que pasar el control de seguridad; si se pone verde, entonces no le ha tocado y puede salir". Mi primera reacción fue de incredulidad y dudas sobre lo que me acababa de decir el agente, que insistía en que pulsase el botón y no me demorase más. Varios días después pensé en lo absurdo que era todo aquello y cuánto costaría la inútil "Ruleta de la Fortuna".

Ah, afortunadamente me tocó verde.

CAPÍTULO 2

Miedo y seguridad

El miedo, es una emoción que procede del cerebro primario de los seres vivos, y se ubica en la amígdala, en el sistema alímbico. Es una de las emociones más primitivas que afectan a la especie humana, y algunas teorías más antiguas situaban los impulsos y reacciones más instintivas en el llamado cerebro *reptiliano*[1].

En definitiva se trata de la respuesta a un depredador, a la muerte, a ser atacado por un animal u otra persona, al sufrimiento que nos pueden hacer padecer.

Al hecho de que seamos conscientes de ello, y la inseguridad que nos produce Spinoza, Hobbes, Nietsche, Freud, o Maquiavelo (que, por otro lado, también ponía en duda la utilidad de los muros para combatir nuestros miedos e inseguridades)o la historia de la filosofía y la psicología le han prestado continuamente atención como emoción humana. Sigue siendo objeto de estudio desde numerosas disciplinas (está detrás de trastornos como la ansiedad y otros problemas de salud mental) y también es analizado y utilizado con otros intereses.

Un miedo que a menudo ha sido utilizado por los estados para imponer políticas de control y seguridad. Miedo y seguridad son dos conceptos que van frecuentemente unidos, de tal modo que el miedo de la población a la inseguridad es utilizado para justificar e implementar las costosas políticas de seguridad.

---

1   MacLean, Paul D. (1990). *The triune brain in evolution: role in paleocerebral functions.*

Sin embargo, el uso que se termina haciendo del miedo para adoptar muchas de las medidas de seguridad, termina siendo desproporcionado, abusivo e irracional, pero sigue apelando a los sentimientos más primitivos, incluso cuando carecen de sentido. ¿Qué probabilidad real hay de que una persona lleve explosivo líquido en una botella de agua al montar en un avión?

¿Qué probabilidad hay de que alguna persona pueda dar positivo en un test de explosivos? ¿Qué probabilidad hay de que una persona vaya armada para cometer un atentado en el Ayuntamiento de un pueblo o de una Diputación Provincial? De hecho, cotidianamente, estamos expuestos a riesgos con una probabilidad mucho más alta (por ejemplo, cada vez que cruzamos una carretera, o pasamos bajo un andamio o un balcón cargado de macetas...).

En este sentido, varios autores señalan como en las nuevas sociedades neoliberales el uso de las medidas de control y seguridad apelando al miedo, se basan fundamentalmente en poner de relieve la idea de posibilidad, dejando a un lado la probabilidad real de que esa situación de inseguridad pueda producirse. Tal vez porque desde un punto de vista probabilístico no podría justificarse la adopción de determinadas medidas.

En definitiva, se trata de poder seguir aplicando medidas de control y seguridad en la ciudadanía, que mantengan el orden establecido y/o que implican un rédito económico para el Estado o para determinados grupos de poder. Para ello es necesario apelar al miedo que producen situaciones de inseguridad que se muestran y repiten una y otra vez a la ciudadanía como situaciones posibles (y lo son), pero que realmente son muy poco probables.

De este modo, la presencia continuada del fenómeno de la ocupación de viviendas en los medios de comunicación, y en el discurso de una parte de nuestra clase política, pretende mostrarnos como riesgo real un fenómeno posible: la ocupación de nuestra vivienda; pero muy poco probable. Pero generar miedo e inseguridad a partir de esta imagen implica un rédito político, impone un determinado discurso que a su vez puede ocultar el problema real de la vivienda, que para otros, además, supone un importante negocio: la venta de alarmas y dispositivos de seguridad.

De igual modo, buena parte de la política de seguridad y defensa se basa también en hipótesis remotas sobre riesgos improbables para nuestra seguridad, posibles ataques de estados o grupos hostiles a nuestro país, a nuestra cultura, que puedan generar miedo en la población para poder justificar la adquisición de armamento y fijar unos elevados presupuestos en materia de seguridad y defensa.

En definitiva, esta política de la seguridad, no sería posible sin una política del miedo.

CAPÍTULO 3

Manos arriba
y quítese los zapatos[2]

El 28 de diciembre de 2007, el Eurodiputado de CiU Ignasi Guardans padeció en sus propias carnes las vejaciones y abusos que sufren miles de viajeros diariamente. Los medios de comunicación y un artículo publicado posteriormente en la revista Interviú, se hacían eco de la noticia y de todo lo acontecido aquel día en el Aeropuerto del Prat (Barcelona), algo que, evidentemente, se repetía cada día y sigue sucediendo habitualmente en la actualidad.

Este parlamentario europeo esperaba en la cola de "seguridad" y pudo presenciar cómo una pasajera era obligada a descalzarse para pasar el arco de seguridad, con un trato que dejaba mucho que desear. Al dirigirse a la pasajera para explicarle que tenía derecho a no quitarse los zapatos si no llevaban metal, el guardia de seguridad se dirigió a él: *"pues ahora vas a ser tú el que se quite los zapatos, listo"*. Guardans decidió obedecer, y tras pasar el control pidió al vigilante de seguridad que se identificara... El vigilante se negó, y en ese momento todos comenzaron a ponerse muy nerviosos: alguien había osado preguntar por sus derechos, poner en duda el sacramento de la seguridad. El comentario de uno de los agentes fue: *"aquí a callarse y sin hacer comentarios, que aquí parece que hay uno que conoce sus derechos"*.

Este Eurodiputado interpuso una denuncia por la violación de varios artículos del Código Penal, pero lamentablemente muchos otros pasajeros no tienen la información,

---

2   *"Manos arriba y quítese los zapatos"*, Artículo de Federico Utrera, publicado en la Revista Interviu el 21 de Enero de 2018.

los recursos, ni el tiempo para poder acudir a los tribunales para denunciar estos abusos y vejaciones.

Pero su experiencia es sólo una más de las que podrían contar miles de viajeros a diario, en el mismo artículo de la citada publicación, el vicepresidente de la Asociación Catalana de Agencias de Viajes, relataba lo absurdo de que no pudiese pasar con un bote de gel, pero sí que pudiese comprar un tarro de cristal de colonia en la zona de embarque: *"¿y si lo rompo...? ¿no podría convertir sus cristales en un arma...?"*.

En este mismo aeropuerto una familia de Barcelona que viajaba con dos niños de tres años, relataba la situación de angustia que les generaron, cuando al marido, le hicieron quitarse los zapatos en el control de seguridad: *Era calzado deportivo, sin metal, pero no se opuso. Los niños y yo esperamos en el otro lado del arco a que se calzara para poder hacer pasar a los niños y pasar yo. Aquel día había mucha gente y no queríamos soltar a los niños por miedo a perderlos. La vigilante hizo pasar a los niños, aunque yo le pedí esperar a que mi marido acabara. Al ver que los niños se despistaban entre la gente, pasé yo deprisa. El detector no sonó, pero, con todo, me hicieron recular y me sacaron los zapatos y la chaqueta. Me quejé, mientras mi marido corría a coger a los niños, nuestros objetos se acumulaban en la cinta, yo me ponía nerviosa... Pedí a la vigilante que se identificara para poder poner una queja y se negó. Entonces una guardia civil se me acercó amenazadoramente y me dijo: "Señora, esto es por su seguridad".*

También en el aeropuerto de El Prat, un padre que viajaba a Paris con su hijo relata cómo pudo pasar sin problemas con un palo de hockey en la mano, pero a su hijo le quitaron un frasco de colonia...

En otros casos relatados, en diferentes aeropuertos, describen cómo habiendo varios arcos de seguridad, siempre hay alguno/os que pitan continuamente, en todos los casos. Esto coincide con las declaraciones de guardias de seguridad del Aeropuerto de El Prat, en las que reconocían en privado cosas realmente sorprendentes: *"los arcos de seguridad están manipulados, y suenan aleatoriamente para que realicemos cacheos. Además, la sensibilidad del arco está al máximo..."*.

Yo mismo pude comprobar que esto sigue sucediendo, el 3 de marzo de 2018, al tomar un vuelo desde el aeropuerto de Gatwick (Londres), observé cómo, en todos los casos, el arco de seguridad siempre sonaba. Cuando llegó mi turno, tras vaciar todos mis bolsillos e incluso quitarme el cinturón del pantalón, el arco comenzó a sonar. Pero, para mi sorpresa, el agente de seguridad no intentó siquiera comprobar si llevaba algo metálico en algún bolsillo ni me hizo pregunta alguna, sino que decidió pasarme por las manos un test de explosivos (¿?).

¿Responde esto a algún protocolo de actuación?, ¿es la supuesta presencia de restos de explosivos en mis manos lo que hacía sonar el arco de seguridad? ¿Trataban así de encontrar una supuesta arma de fuego buscando restos de explosivo en mis manos? Desde aquel día, he preguntado a muchas personas (más conocedoras que yo de estos temas) sobre la explicación que podría tener este procedimiento, pero nadie ha sabido muy bien qué responderme. Más recientemente, en Febrero de 2023, en un viaje a Irlanda el arco de seguridad también sonó, nuevamente me pasaron el test de explosivos, el mismo guardia de seguridad me reconoció que había sonado aleatoriamente (pero que no dijese nada...).

Para terminar, recordar que los guardias de seguridad privada del Prat, de los cuáles hemos estado hablando, afirmaban también que muchos vigilantes llegaban a realizar turnos de catorce y quince horas, lo cual dice mucho sobre las condiciones de "seguridad" en las que desarrollaban su labor estos trabajadores. Precisamente en agosto de 2017, los trabajadores de seguridad de la empresa EULEN en el aeropuerto de El Prat, comenzaban una huelga por las lamentables condiciones en que trabajaban. Lo primero que tenemos que preguntarnos entonces es si el objetivo real de todo esto es la tan cacareada "seguridad", porque es muy difícil creer que, en estas condiciones, pueda garantizarse la seguridad ni de los propios vigilantes privados.

CAPÍTULO 4

La nueva normativa de navegación aérea

Aparentemente, toda esta obsesión por la seguridad comenzó con los incidentes del 11 de septiembre de 2001, con el ataque aéreo a las Torres Gemelas en Nueva York; pero muy probablemente el negocio de apostar por un nuevo modelo de seguridad comenzó mucho antes. No hay ninguna duda de que, en este nuevo modelo de seguridad, la industria de la navegación aérea era una porción muy importante de una tarta muy golosa. Se estima que cada año utilizan el avión más de 3.000 millones de viajeros, es uno de los transportes más utilizados y cada uno de esos viajeros pasa muchas horas en varios aeropuertos a lo largo de un año. Por ello, me parece que era fundamental comenzar a hablar del negocio de la seguridad empezando por los aeropuertos y, por tanto, de la turbia normativa de navegación aérea.

Pero, ¿cuándo comenzó realmente a aplicarse esta normativa? El 10 de agosto de 2006, la policía británica afirmaba que había descubierto un supuesto plan de varios atentados terroristas contra aviones en vuelo entre Reino Unido y Estados Unidos. A partir de ahí se decidió que había que aplicar medidas de seguridad más estrictas. Scotland Yard envió un informe a la comisión europea en el que se comienza a hablar de los riesgos de los explosivos líquidos, al no detectarse cuando se escanea el equipaje de mano. El vicepresidente de la Comisión Europea, Jacques Barrot, reunió entonces al Comité de Seguridad de la Aviación Civil, que aprobó la prohibición de llevar líquidos en el equipaje de mano. Sólo tres delegaciones se opusieron: Italia, Irlanda y la

República Checa. A partir de ahí se promulga un reglamento en octubre de 2006, cuyo único artículo consiste en ordenar que se apliquen *"las normas acordadas por los expertos"* y que son *"confidenciales".* Y es que, con este reglamento, se comienzan a aplicar una serie de medidas que son secretas para los pasajeros e incluso para los vigilantes o guardias civiles encargados de ponerlas en práctica en los aeropuertos.

Es decir, todas estas lamentables prácticas se amparan en una normativa de carácter secreto por razones de seguridad, que desconocemos, y por lo tanto, tampoco podíamos conocer. Aplican un documento divulgativo e impreciso que se presta a múltiples interpretaciones. Señala el documento, por ejemplo, que el tamaño de los recipientes de los líquidos no puede exceder los 100 mililitros y que deben presentarse en una bolsa de plástico de determinadas me-

didas, transparente y con cierre; asimila el dentífrico y los aerosoles con líquidos, obliga a sacar de su embalaje el ordenador portátil y equipara abrigos y chaquetas con el equipaje de mano, etc....

Pero además de estas extrañas limitaciones en el equipaje de mano, con esta misma norma, se nos obliga en los aeropuertos a quitarnos cualquier cosa que, discrecionalmente, el agente de seguridad pueda considerar peligroso: botellas de agua, cinturón (incluso cinturones de plástico), zapatos, etc.... Todo ello mientras eres presionado y atropellado por el personal de seguridad privada, de tal modo que tienes que seguir andando descalzo y calladito, mientras sujetas los zapatos en una mano e intentas con la otra ponerte el cinturón para que no se te caiga el pantalón. Una normativa que *de facto* consolidaba aún más la situación de "presunción de culpabilidad", en la que los viajeros nos vemos obligados durante 20 o 30 minutos (en el mejor de los casos), a demostrar que no somos terroristas.

Pues bien, la introducción de estas nuevas normas también tuvo un importante coste económico. Para empezar, obligó a duplicar en España la inversión en seguridad privada, incrementando el número de vigilantes en aeropuertos (de 900 a 1.800) y a encargar una campaña divulgativa, que costaría siete millones de euros. Había comenzado un nuevo y lucrativo negocio.

No sería hasta 2008 cuando, como consecuencia de diversas presiones y polémicas, por fin se publicó el anexo secreto del Reglamento 622/2003 sobre seguridad aérea, que era el que se aplicaba de forma arbitraria, sin haberse publicado previamente y contraviniendo de esta forma nuestra legislación (Artículo 9.3 Constitución Española) e incluso la propia legislación europea (Artículo 254 del Tratado de la UE).

En ese año 2008, los quince supuestos autores del complot aéreo de 2006, aún no habían sido juzgados. Sin embargo, quedó demostrado, según la prensa británica, que ninguno de ellos tenía experiencia en fabricación de bombas (hacerlo con líquidos es más difícil que con sólidos), que no habían adquirido billetes de avión y que la mayoría no poseía un pasaporte con el que viajar a EE UU.

En diciembre de 2022, varios medios de comunicación se hicieron eco de que el Reino Unido podría ser el primer estado en el que se elimine la prohibición de llevar líquidos en el equipaje de mano para viajar en avión, tras la implantación de nuevos escáneres 3D, en 2024. Poco después se confirmó también que a partir de 2024 se implantaría también en aeropuertos europeos, evitando tener que sacar los líquidos ni los dispositivos electrónicos de la maleta.

CAPÍTULO 5

El buena gente - Viaje a Estocolmo

El 23 de marzo de 2013, me disponía a realizar un viaje familiar con destino a Estocolmo, desde el aeropuerto de Málaga. Ese día pude experimentar personalmente, todo lo que ya había leído y observado que venía sucediendo en los aeropuertos españoles (y europeos) como consecuencia de la aplicación de la opaca normativa de navegación aérea.

Una vez más, allí estaba la larga cola, en la que nos ordenaban a los pasajeros por un entramado de postes y cintas conectadas, y nos conducía cual borreguitos. Y allí estaban los arcos de seguridad sonando indiscriminadamente, mientras un ejército de vigilantes de seguridad privada gritando daba órdenes a los pasajeros, que tendrían que enfrentarse, una vez más, al criterio de presunción de culpabilidad, intentando demostrar que no eran "terroristas". A cierta distancia, estaban también algunos agentes de la Guardia Civil, "supervisando la operación".

Y allí estábamos los pasajeros, hastiados, preocupados por el jaleo e intentando que no se nos despistasen nuestras pertenencias ni nuestros hijos pequeños, mientras sosteníamos y mostrábamos el pasaporte y la tarjeta de embarque, al mismo tiempo que cogíamos una bandeja, nos quitábamos el cinturón (en mi caso era de plástico, no tenía metal), nos sujetábamos los pantalones, etc....

En esta ocasión, el vigilante de seguridad privada se dirigió a mí de forma autoritaria (mientras yo estaba pendiente de mi hija de siete años) para que me quitase las botas, las introdujese en el túnel de rayos X y pasase descalzo por el arco de seguridad (sí, claro, hay también unos patucos de plástico, pero en esa vorágine, con los vigilantes apremiándote, con una enorme cola detrás, tu hija que ya ha pasado el control... no era el momento de detenerse a ponerse unas bolsas en los pies...). Eso sí, una vez pasado el control de seguridad (y no antes), y tras coger todas mis pertenencias, llevando a mi hija de la mano; en lugar de dirigirme directamente a la salida y la puerta de embarque, decidí hacer una consulta a uno de los agentes de seguridad privada, sobre la normativa o razones por las que yo había tenido que descalzarme para pasar el control.

En aquel momento, se hizo el silencio, y el chico (era bastante joven) comenzó a hablar con unos y otros, me envió a un agente de la guardia civil (también bastante joven) que parecía contrariado por algo, y rápidamente me dijo que iba a hablar con su superior. Había destapado la caja de los truenos, alguien había osado poner en duda la normativa (nada más lejos de la realidad, sólo había hecho una consulta al respecto). Y finalmente llegó el "superior" de la Guardia Civil, que se dirigía a mí de forma apresurada con los ojos encendidos. Y con gritos amenazantes, me decía que si él quería yo no cogía ningún avión..., mientras mi hija de siete años observaba la situación desconcertada. Yo intentaba, a duras penas, decirle que en ningún caso me había negado a pasar el control de seguridad ni a descalzarme, y que, tras hacerlo, únicamente había preguntado por el motivo por el cual había tenido que hacerlo....

Fue en vano, ni siquiera me dejaba hablar, el diálogo con aquel individuo era imposible y siguió gritándome con el brazo en alto diciéndome que si tenía alguna queja presentara una reclamación en el mostrador de AENA. Cosa que, efectivamente, hice.

Varias semanas después, me llegó la respuesta de AENA, en la que se limitaban a decirme que ellos "no eran responsables de lo que sucedía en los controles de seguridad y que competía a la Guardia Civil", y por ello habían remitido mi escrito a la comandancia correspondiente.

Poco después recibí también la respuesta de la Guardia Civil. El mando que contestaba a mi queja afirmaba de forma tajante que el guardia civil que se había dirigido a mí *"había actuado en todo momento siguiendo el procedimiento correcto para garantizar la seguridad..."*

Lo más curioso del caso, es que yo conocía al guardia civil que se dirigió a mí como un animal rabioso. Se trataba de una persona que cuando lo conocí, hace años y en otro contexto totalmente diferente, me lo presentaron como un "guardia civil, sí, pero muy *buena gente* y un encanto de persona...".

Tras analizar lo sucedido en este caso, como psicólogo, no pude evitar recordar y analizar las conclusiones del experimento de Stanley Milgram[3] (Universidad de Yale, 1963), en el cuál se medía la disposición de las personas a obedecer órdenes de una autoridad aún cuando estas entraran en conflicto con su conciencia; o el experimento de la cárcel de Stanford (Zimbardo)[4] en 1971, en el cuál se estudiaba este mismo comportamiento en una cárcel ficticia en la cual unos participantes tenían que comportarse como guardas y otros como presos. Ambos experimentos nos ayudan a entender en buena medida este cambio de patrón de comportamientos en las personas que desempeñan este tipo de tareas, de obediencia a la autoridad. El *"buena gente"*, metido en su papel de guardián de la industria de la seguridad, podía convertirse en un basilisco si alguien osaba discutir la oscura normativa, esas eran las órdenes que debía obedecer ciegamente...

---

3   Stanley Milgram, *Behavioral Study of Obedience*. En *Journal of Abnormal and Social Psychology* nº 67 (1963) y *Obedience to Authority, An Experimental View* (1974).

4   Craig Haney, Curtis Banks y Philip Zimbardo, *Interpersonal Dynamics in a Simulated Prison* en International Journal of Criminology and Penology (1973).

Ahora yo sé (creo que él no lo sabe todavía) que el *"buena gente"* no estaba velando por mi seguridad, sino por la seguridad de otros, la seguridad económica de dos grandes grupos de empresas que están obteniendo beneficios multimillonarios: las grandes corporaciones de la seguridad privada, y las que controlan el monopolio del comercio en los aeropuertos (suministrándote después a precio de oro, todo aquello que no te han dejado pasar por el control de seguridad).

CAPÍTULO 6

Las tiendas "Duty Free" y la seguridad

Paralelamente a la escalada de esta obsesión por la "seguridad", se ha producido un crecimiento espectacular del negocio en la zona comercial de los aeropuertos. Un fenómeno digno de estudio que no podemos dejar de considerar y que, en principio, podríamos pensar que aparentemente no guarda demasiada relación con el tema de esta publicación; Sin embargo, un análisis detallado de cómo se ha ido produciendo, puede sorprendernos y aportar algo más que sospechas.

En diciembre de 2012, los medios de comunicación se hicieron eco de una noticia según la cuál, la empresa World Duty Free Group España (antigua ALDEASA) había ganado una subasta de AENA[5] (*Aeropuertos Españoles y Navegación Aérea*) para hacerse con las tiendas libres de impuestos de los principales aeropuertos de España. Según los medios, a través de este concurso la empresa aportaría a AENA 1.960 millones de euros (más un porcentaje por las ventas) hasta 2020 y, a cambio, obtendría el derecho de explotación de las 80 tiendas libres de impuestos de 26 aeropuertos españoles.

Esta empresa había ganado la subasta y, en el primer lote, se había hecho con las tiendas de los aeropuertos de Barajas, Málaga, Sevilla, Bilbao, La Coruña, Almería, Asturias, Granada, Jerez, Santander y Santiago.

En el segundo lote se había hecho con las tiendas de los aeropuertos de Alicante, Barcelona-El Prat, Girona-Costa

---

5 Ver *Aldeasa controlará las tiendas "duty free" de todos los aeropuertos de España*, Artículo de Álvaro Romero y Carmen publicado en El País, el 10 de Diciembre de 2012.

Brava, Ibiza, Menorca, Murcia-San Javier, Palma de Mallorca, Reus y Valencia.

Pero en el tercer lote, formado por los aeropuertos de Fuerteventura, Gran Canaria, La Palma, Lanzarote, Tenerife Norte y Tenerife Sur, la única oferta válida fue la de Canariensis. ¿A que no adivinan de que empresa es filial Canariensis? Sí, de la misma, World Duty Free Group España que, a través de esta operación, se había hecho con el control de las tiendas de todos los aeropuertos de España. Eso sí, el multimillonario negocio de los aeropuertos dejaba en el aire el empleo de 2.300 personas...

Pero, ¿quién salió realmente ganando con esta gran operación económica? ¿es suficiente la cantidad que pagó este grupo empresarial por controlar las tiendas de todos los aeropuertos de España? ¿Es una cantidad justa teniendo en cuenta que todos los viajeros tendrán que pasar por ahí y muchos comprarán en sus tiendas con precios desorbitados? (aunque sólo sea la botella de agua que te habrán retirado previamente en el control de seguridad). Según lo publicado, AENA se embolsaría una cantidad de 1.960 millones de euros hasta 2020, más un canon del 37 % por las ventas, pero estoy convencido de que los beneficios de este grupo con la operación son muy superiores.

Lo más sorprendente es que, de cualquier modo, el proceso de privatización de AENA ya había comenzado un año antes, en el 2011, todavía con el gobierno de Rodríguez Zapatero y con José Blanco como ministro de Industria. En 2014, se procedería a la privatización del 49% de AENA, que un año después saldría a bolsa dando espectaculares beneficios a sus accionistas.

O sea, la práctica totalidad de los beneficios de esta operación irían a parar a manos privadas, todo a costa del dinero que tenemos que dejarnos todos los viajeros en estas tiendas, así como los disparatados precios que hemos de pagar por algo que se supone que es un bocadillo...

¿Y qué tiene que ver todo este negocio con el de la seguridad? Es cierto que la preocupación por el tema de la seguridad comenzó mucho antes de que esta subasta tuviese lugar, pero la pregunta es: ¿hubiese sido posible un negocio de estas dimensiones sin la normativa secreta de navegación aérea? De no ser así, el pelotazo de las tiendas de los aeropuertos probablemente no hubiese sido tan apetecible.

Las restricciones en materia de seguridad que fueron incrementándose año tras año, obligaron a los viajeros a, necesariamente, pasar por estas tiendas, una vez superado el control de seguridad, en la zona de embarque, y a comprar alguna cosa, aunque sólo sea esa botella de agua que te han quitado porque, supuestamente, es explosivo líquido.

El negocio (o deberíamos llamarlo robo) es tan escandaloso que en marzo de 2018, AENA comunicó que iba a atender la queja más recurrente de los viajeros y que, por ello, obligaría a las tiendas y máquinas expendedoras a ofrecer a los viajeros botellas pequeñas de agua por un precio no superior a 1 €.

Pero el negocio es aún más grande de lo que podemos imaginar, la empresa matriz de World Duty Free España es Autogrill, una multinacional italiana del sector de la restauración en carreteras, aeropuertos, puertos y estaciones de tren. ¿Nos obligarán también a comer en los restaurantes Autogrill de las autopistas por "razones de seguridad"?

CAPÍTULO 7

Pase por aquí para coger su avión

La idea con esta publicación no es la de centrarme únicamente en casos de mi provincia, ni siquiera de mi país. Pero hablando con un buen amigo, que viaja muy frecuentemente como cooperante y que se mueve por numerosos aeropuertos, me aseguraba que había puesto varias reclamaciones en el aeropuerto de Málaga por algo que él consideraba insólito y que, hasta ahora, no había visto en otros aeropuertos del mundo. Se trata del hecho de que, una vez atravesado el control de seguridad, en el aeropuerto de Málaga, te ves obligado a recorrer un largo y estrecho pasillo entre puestos de ventas de todo tipo de productos y primeras marcas para poder llegar a tu puerta de embarque. A veces, cuando la afluencia de viajeros es grande (algo muy frecuente en Málaga, en cualquier época del año) los atascos en el estrecho pasillo son constantes, de tal modo que tienes que detenerte una vez tras otra frente a los productos que, inevitablemente, terminas contemplando, comprobando su precio y, evidentemente, en más de una ocasión, comprando... No hay otro camino, has de atravesar la tienda entera, para poder salir, y el mensaje que terminas percibiendo es: "si no compras, no coges el avión". Lamentablemente, la agresiva estrategia comercial, ya se da en otros muchos aeropuertos y, posteriormente, pude comprobar cómo en el aeropuerto de Gatwick en Londres, habían adoptado la misma estrategia...

¿Es seguro que cientos de personas apelotonadas atraviesen un estrecho pasillo entre miles de productos en un

aeropuerto? ¿Qué ocurriría ante una alarma real de seguridad? ¿Si nos preocupa tanto la seguridad por qué obligamos a miles de personas a atravesar un inmenso supermercado para que vean miles de productos y compren de forma descontrolada? Porque lo más sorprendente de todo esto, es la enorme variedad de productos que podemos adquirir en la zona de embarque, esperando nuestro avión...

Más allá del estrecho pasillo y el supermercado de paso obligado, los comercios y tiendas *duty-free* continúan, e incluso máquinas expendedoras con todo tipo de productos y complementos de nueva tecnología: cables, transformadores, cargadores, consolas de video juegos y todo tipo de aparatos electrónicos... En la zona de embarque, una vez pasado el control de seguridad, como ya le decían a Viktor Navorski (Tom Hanks) en la película *La Terminal* (Steven Spielberg, 1993) puedes comprar absolutamente de todo...

Evidentemente, el gran interrogante que nos surge es, si esta voracidad comercial, no pone en jaque también la "sacrosanta seguridad". Porque, si realmente puedes comprar de todo una vez traspasado el control de seguridad, ¿puede una persona comprar los componentes necesarios para montar un explosivo a partir de los productos adquiridos en el aeropuerto? Dispondría de tiempo, espacio (wc, por ejemplo) una conexión a internet (las hay en todos los aeropuertos) y sólo haría falta que tuviese los conocimientos necesarios. Una vez más, algo me dice que esto no va realmente de seguridad.

CAPÍTULO 8

Un explosivo casero en el Parlamento Europeo

En mayo de 2007, Christophe Naudin, un investigador de la Universidad París VII, fue invitado a dar una conferencia sobre seguridad aérea en el Parlamento Europeo. El conferenciante dejó estupefacta a la audiencia cuando mostró a sus señorías una bomba desmontada y comenzó a explicar cómo la había introducido en el Parlamento, pasando todos los controles de seguridad y demostrando a continuación cómo podía montarse fácilmente con todos sus componentes. Este investigador ponía también en duda la eficacia de la prohibición del transporte de líquidos y ya había realizado antes vídeos en los que mostraba cómo introducir objetos afilados, e incluso una bomba simulada a bordo de un avión, sin que fuesen detectados por los controles de seguridad aeroportuaria.

De cualquier modo, no se trata del único "experto" que ponía en duda la eficacia de dichos controles de seguridad. En un artículo[6] publicado en el diario El País, en agosto de 2008 se recogía el testimonio de un químico e investigador del CSIC, en el que explicaba cómo podían fabricarse sustancias de fácil combustión como la perioxiacetona, con escaso volumen de líquidos como acetona, agua oxigenada y un ácido. En el mismo artículo se reseñaba también la facilidad, de sobras conocida, con la cual se podía hacer un cóctel molotov a partir de las bebidas alcohólicas que se venden en la zona de embarque y a bordo del propio avión...

---

6   *¿De verdad es tan peligroso mi neceser?*, Artículo de Abel Grau y Elena G. Sevillano, publicado en El País, el 7 de Agosto de 2008.

Y por no generar más preocupación, no vamos a reseñar aquí las múltiples webs con vídeos en los que, a pesar de incluir múltiples advertencias y dejar claro que únicamente son pruebas de laboratorio, demuestran que es posible fabricar una granada de mano casera, contando únicamente con los materiales y objetos que pueden comprarse una vez atravesado el control de seguridad: baterías de litio, desodorante en espray, agua, otros dispositivos electrónicos, etc...

¿Tiene sentido entonces esa enorme inversión en ese estricto control de seguridad con arcos, escáner, cacheos, detectores de metales, detectores de explosivos, etc, si puedo comprar todo lo que quiera en la zona de embarque?

CAPÍTULO 9

El terrorismo como excusa: Si no hay, habrá que inventarlo

En el año 2006 tuve la oportunidad de ver la película Babel de Alejandro González Iñárritu[7] y me sorprendió muy gratamente. Pero además, hay una trama dentro de la película que me llamó mucho la atención. En una de las historias entrelazadas, una pareja viaja en un autocar en un viaje organizado por las montañas del Atlas marroquí. La historia nos muestra cómo, simultáneamente, unos niños están jugando con un arma de fuego que les ha facilitado su progenitor. Tras cargar el arma, los niños juegan a probar su puntería y, desde el terreno escarpado en el que están, otean a lo lejos la carretera y prueban a disparar a lo primero que pase: un autocar de turistas. Tras disparar, al ver que el autocar se detiene de repente, los niños huyen asustados (obviamente para evitar cualquier posible reprimenda). Pero la situación es mucho más grave y dramática de lo que ellos puedan imaginar, porque su disparo sí que ha acertado a uno de los viajeros, a la chica de la pareja que introducía la historia, y está gravemente herida. A partir de ahí se suceden todo tipo de intentos por llevarla a algún sitio donde pueda recibir la atención médica que requiere porque su vida está en grave riesgo y están a cientos de kilómetros de un hospital bien equipado donde pueda recibir atención. Lo sorprendente de la historia es que la pareja es de nacionalidad estadou-

---

7   Babel, de Alejandro González Iñárritu. (Central films y Media Rights Capital, 2006)

nidense, y cuando contactan con las autoridades de dicho país, tras numerosos trámites y problemas burocráticos, les dicen que no podrán enviar un transporte medicalizado para realizar el traslado a un hospital hasta que no haya una declaración formal de que lo sucedido es debido a un atentado terrorista.

La primera pregunta que nos hacemos al ver esta película, y concretamente sobre esta historia, es: ¿cuántos casos como este han podido tener lugar en la vida real, en cualquier parte del mundo?

Una vez más, parece que el discurso del terrorismo sirve para mantener y consolidar la versión oficial de la historia, la que hace que todos creamos en la seguridad y, a pesar de las numerosas molestias y costes desorbitados, terminemos aceptando y justificando el gasto en aras de una supuesta "seguridad" y de la lucha contra un fantasma terrorista que nunca sabemos muy bien dónde está.

CAPÍTULO 10

¿Desempleado? Hazte guardia de seguridad privada

En el verano de 1992 no teníamos internet y todavía muchas noticias nos llegaban a través de los periódicos de papel, pero también a través del testimonio de otras personas, como acostumbraba a suceder en mi barrio (y en otros muchos) aunque la información no fuese siempre del todo fiable.

En este caso, sí que parece que la información pudo finalmente contrastarse por varios testigos de lo sucedido y por la intervención de la propia policía. Los rumores apuntaban a que la policía había localizado en la madrugada del día anterior a un vehículo que había colisionado contra varios coches aparcados, tras avanzar varios metros sin ningún tipo de control, y detenerse al final de una avenida de la barriada. Cuando la policía llegó a la zona (probablemente alertada por vecinos tras el ruido) golpearon varias veces la ventana y gritaron al conductor para que abriese la puerta de inmediato, pero éste no respondía, no parecía moverse. Los rumores en la barriada (que evidentemente los hubo) apuntaban a que estaba borracho, drogado, o ambas cosas. Pero eso no era lo que había sucedido.

Hasta la llegada de la policía todo pareció transcurrir como se contó, pero la causa real del estado de esta persona era otra muy diferente. La policía tuvo que romper el cristal para comprobar que no estaba muerto, sino profundamente dormido; Iba vestido con un uniforme de una empresa privada de seguridad, lograron despertarle y tras ser sometido

a controles de alcoholemia y de consumo de drogas, des-
cubrieron que únicamente, llevaba varios días sin dormir,
después de acumular turnos consecutivos en su trabajo de
vigilante de seguridad privada.

CAPÍTULO 11

El cambio del negocio de la seguridad en España

Desde hace ya varias décadas la seguridad privada vive un enorme auge en España, es un sector de nuestra economía que no parece haber perdido fuelle en ningún momento. La seguridad privada no es un fenómeno nuevo, existía muchos años antes de que llegase la democracia a nuestro país, y ha sufrido numerosos cambios legislativos. En los últimos años, las empresas del sector afirman que generan más de 100.000 empleos y más de 4.000 millones de euros anuales.

Para entender a qué se debe este espectacular crecimiento de un gran negocio en auge, es necesario tener en cuenta muchas de las cuestiones que describimos en este libro, y a ello hay que añadir también la percepción de inseguridad que se ha ido creando progresivamente entre la ciudadanía. Lo que pretendo exponer es que este crecimiento de la industria de la seguridad, es mucho mayor y más polifacético de lo que inicialmente podríamos pensar.

Por un lado, no hay duda de la enorme penetración de esta industria en la seguridad aérea, estaciones de tren, administraciones públicas (todas), empresas privadas, etc. Pero además esta industria se ha especializado también para llegar al ciudadano de a pie y ofrecer también productos al pequeño consumidor, maximizando así sus beneficios. Prueba de ello es el enorme aumento de la publicidad por parte de pequeñas empresas (o no tan pequeñas) que tal vez no puedan acceder a otro mercado (como el de los jugosos contratos de seguridad con las administraciones públicas) pero sí pueden ofrecer servicios a pequeñas empresas o directamente a la ciudadanía. Todos los días y a todas horas recibimos publicidad en radio, televisión, web y redes sociales, de empresas de seguridad: la mejor alarma para tu domicilio, para tu segunda residencia, para tu pequeño negocio, puertas blindadas, cámaras e incluso aplicaciones para el smartphone. Todo ello en formato de diferentes paquetes, con presupuestos para todos los bolsillos. La seguridad se ha introducido de golpe en nuestro presupuesto, y todos nos sentimos "obligados" a comprar seguridad.

Sin duda, la irrupción de las nuevas tecnologías basadas en conexiones rápidas a la web, así como el almacenamiento de contenidos en la nube, abre también un gran campo de posibilidades, para poder tener información audiovisual con cámaras en tiempo real y en cualquier dispositivo, y además a un precio bastante asequible para una parte importante de la ciudadanía. Pero la pregunta que debemos hacernos es, ¿realmente necesitamos todo eso?¿nuestra seguridad depende de un negocio que se basa en vigilar y ser vigilados permanentemente?

Precisamente cuando estábamos finalizando esta publicación, coincidió con una campaña abrumadora en los medios de comunicación (protagonizado por empresas como Securitas, e incluso Movistar que también ha entrado en este sector), vinculando peligrosamente la necesidad de contratar alarmas con el fenómeno de la ocupación: *"para evitar que nos ocupen nuestra casa"*. Todo ello sin hacer un análisis exhaustivo del fenómeno de la ocupación, y tratando con una enorme frivolidad el gravísimo problema de la vivienda en nuestro país. Intentando hacernos creer que a cualquiera de nosotros nos van a "ocupar" nuestra casa unos desalmados, y por ello tenemos que contratar urgentemente una alarma.

A finales de 2018, un artículo en el Diario El Confidencial[8], hacía un análisis de los datos de robos en domicilios y establecimientos en España durante los últimos 5 años. El resultado era que entre 2012 y 2017, este número no había dejado de descender, concretamente un 20%. Sin embargo, se incrementaban las campañas publicitarias de estas empresas diciéndonos todo lo contrario y generando cierto ambiente de miedo entre la ciudadanía para impulsarnos a comprar este tipo de productos, intentando hacernos creer que si esos datos habían bajado era porque la gente compraba estas alarmas... En este mismo artículo recogían una curiosa estrategia comercial de estas empresas: "Utilizan una estrategia que es llamar al telefonillo de una casa y decir: *vengo por lo del robo: ¡ah! No, que me he confundido de piso*".

En el año 2021, el parque de alarmas en España ya había crecido hasta los 2,86 millones, el doble que siete años antes, tras varios años incrementándose el número de instalaciones en más del 10%.[9]

---

8   *La España asustadiza: cada vez se instalan más alarmas mientras los robos bajan*, Artículo de María Zuil y D. Grasso (datos) publicado en El Confidencial, el 15 de Diciembre de 2018.

9   *El parque de alarmas en España crece en 2021 hasta los 2,86 millones, el doble en siete años*, Artículo publicado por Europa Press Finanzas, el 29 de Marzo de 2022.

CAPÍTULO 12

"Preokupación" por la vivienda

Simultáneamente al crecimiento espectacular del negocio de la venta de alarmas para viviendas hay otro fenómeno que no ha dejado de crecer a un ritmo similar e incluso superior: el precio de la vivienda y las dificultades para acceder a ella (ya sea en propiedad o alquiler).

Mientras nos hacían creer que el principal problema de seguridad que teníamos era el riesgo de que, en cualquier momento, nos ocupasen nuestra vivienda y que, por lo tanto, teníamos que acudir urgentemente a contratar la instalación de una alarma, a alguien se le olvidó contarnos lo que realmente estaba ocurriendo con la vivienda en España.

Tras el estallido de la burbuja inmobiliaria en el año 2007 y la consiguiente crisis económica podíamos pensar que habíamos aprendido de los errores del pasado, pero progresivamente, y dejando a un lado la pausa que supuso la irrupción de la pandemia en 2020, el fenómeno de la especulación inmobiliaria se ha mostrado aún con mayor virulencia en los últimos años.

Ciudades como Barcelona, Madrid, Palma, Valencia o Málaga han venido encabezando los mayores incrementos del precio del alquiler, pero también de la compra de vivienda. Especialmente llamativo es el caso de la ciudad (y también la provincia) de Málaga, llegando a liderar la subida del precio de la vivienda durante el año 2022, con un incremento interanual del 9%[10].

---

10   Ver Estudio de Vivienda nueva de la Sociedad de Tasación (2023).

La irrupción hace varios años de la vivienda de uso turístico, unida a un deficiente parque de viviendas de alquiler, así como la apuesta de los fondos de inversión por la adquisición de viviendas como una inversión rentable, ha llevado a buena parte de nuestro país a una situación límite. Recordemos como en 2021 el entonces ministro de transportes, movilidad y agenda urbana, Jose Luis Ábalos, en relación con las negociaciones con Unidas Podemos para la Ley de Vivienda, llegó a afirmar que la vivienda es un derecho social, pero también un bien de mercado.

Volviendo al ejemplo de la ciudad de Málaga, en poco más de cinco años, la falta de regulación del gobierno municipal de la vivienda de uso turístico hizo que el parque de viviendas en alquiler en el centro histórico de la ciudad prácticamente desapareciera, pasando la mayoría a dedicarse a esta actividad (considerablemente más lucrativa, aunque creando un turismo de masas con resultados más que discutibles) y en 2023, algunas fuentes sitúan en más de 35.000 el número de viviendas de uso turístico en Málaga ciudad. La mayoría de los inquilinos, ante la presión inmobiliaria y el continuo incremento de precios (para que dejasen la vivienda y pudiese dedicarse a uso turístico), no han tenido más remedio que optar por desplazarse a otros barrios periféricos, que a su vez, ante la mayor demanda, han experimentado también un enorme incremento de precios; un fenómeno que se ha venido repitiendo en otras ciudades.

Del mismo modo, además de los altos precios, el desembolso inicial para poder acceder a un alquiler no ha dejado de incrementarse, tal y como reconocen los propios portales inmobiliarios: entre las dos o tres mensualidades (mínimo) que se exigen al inicio, la fianza y el coste de la inmobiliaria, el desembolso inicial medio supera los 4000 € pudiendo llegar a los 7000 € en algunas ciudades.

Mientras que esto sucedía en buena parte del territorio de los principales municipios de nuestro país sigue habiendo miles de viviendas vacías, muchas de ellas pertenecientes a fondos de inversión o al conocido como "banco malo" (SAREB). Curiosamente, en abril de 2022, se hizo público como el gobierno había decidido vender viviendas de la SAREB a dos fondos de inversión (Blackstone e Hipoges)[11], que probablemente podían haber servido para paliar el enorme déficit de viviendas de alquiler en nuestro país. Afortunadamente, la presión de los socios de gobierno por esta medida fue una de las razones por las que en abril de 2023, el PSOE se decidió por fin a utilizar 50.000 de estas viviendas para un plan de vivienda social en alquiler.

A partir de ahí podemos empezar a entender el enorme problema social en el que se ha convertido el acceso a la vivienda en nuestro país como consecuencia de la mala gestión política de lo que sigue siendo un derecho constitucional, el derecho a una vivienda digna. Como consecuencia de ello, son muchas las ciudades que, ante el auge de la especulación inmobiliaria, han visto como se ha incrementado considerablemente el número de personas en situación de calle, el alarmante número de desahucios, así como familias en situación de extrema vulnerabilidad social (incrementadas durante la pandemia) que han tenido que optar por recursos habitacionales provisionales, enormemente inestables, e incluso por la ocupación.

Sin embargo no nos llevemos a engaño, esas ocupaciones de las que tanto nos hablan las empresas de alarmas y algunos partidos políticos no dejan de ser anecdóticas. En un artículo publicado en El Diario.es en noviembre de 2022[12], se señalaba como durante el año 2020 los tribunales emitieron apenas 61 condenas por allanamiento de morada

---

11 *El gobierno entrega la SAREB a los fondos de inversión*, Artículo de Martín Cúneo, publicado en El Salto, el 22 de abril de 2022.

12 *Como crear más alarma por las ocupaciones y fomentar de paso la venta de alarmas*, Artículo de Íñigo Sáenz de Ugarte publicado en ElDiario.es el 29 de noviembre de 2022.

por la ocupación de viviendas de primera residencia de una persona. Por el contrario, la mayoría de las usurpaciones afectaban a viviendas vacías o locales comerciales o industriales, que ascendía a 3.157 casos.

De esta forma se intenta convertir un gravísimo problema social e incluso de salud pública, como es la enorme dificultad para acceder a una vivienda, en un problema de seguridad y ocupación, que se soluciona contratando alarmas.

La realidad es que si una da una vuelta por una ciudad como Málaga, el hecho de que pueda haber una vivienda ocupada, es prácticamente anecdótico (yo apenas si conozco casos). Pero el centro histórico y buena parte de la ciudad está completamente inundado de viviendas turísticas. De hecho, el 20 de abril de 2023, el propio Ayuntamiento de Málaga reconocía que el número de viviendas turísticas en el centro histórico (algo más de 4.800) ya había superado ampliamente al número de vecinos residentes (4.260 personas).[13]

---

13   *El centro de Málaga ya tiene más viviendas turísticas que vecinos*, Artículo de Jesús Sánchez Orellana, publicado en Cadena SER, el 20 de abril de 2023.

La gran victoria del terrorismo: Todos tenemos que comprar seguridad

Un buen amigo que sabía de sobra de mi intención de escribir algo sobre este tema se puso en contacto conmigo con cierta urgencia para contarme lo que le había ocurrido a un compañero suyo de trabajo. Al parecer, su compañero vivía en una zona rural y, recientemente, había visto como uno de sus vecinos había sido víctima de un aparatoso robo en el que se llevaron varias de las herramientas que tenía en el exterior de la parcela delimitada junto a su casa, que nunca se había preocupado por guardar, debido a la tranquilidad de la zona y la ausencia de este tipo delitos. Él resultó también afectado, pero en menor medida. Pero lo que más le sorprendió es que desde ese momento comenzó a recibir continuamente una enorme cantidad de publicidad de empresas de seguridad que le ofrecían sus productos, y especialmente los distintos tipos de alarmas para instalar en su propiedad. Preocupado por lo que había sucedido, decidió contactar con una de estas empresas que, misteriosamente, conocía a la perfección la zona rural en la que él vivía y "los problemas de seguridad que habían tenido lugar recientemente en la zona".

CAPÍTULO 14

Crisis de 2008: Rubalcaba y el 15 M

¿Hay otras razones además de las económicas que impulsen a la consolidación de este modelo de seguridad? Hay que recordar que, a raíz de la crisis económica de 2008, se produjeron numerosas movilizaciones y protestas de la sociedad civil en medio mundo: Occupy Wall Street, 15M, movilizaciones de las Primaveras Árabes[14]... La compra de material antidisturbios y de armamento para reprimir manifestaciones se disparó desde entonces para responder con contundencia a las movilizaciones ciudadanas y alejar cualquier esperanza de un cambio social. Y así sucedió también inicialmente en España.

En Mayo de 2011, el Ministro de Interior del Gobierno de Zapatero (PSOE), Alfredo Pérez Rubalcaba, no dudó en enviar a una contundente fuerza policial para desmantelar la acampada del movimiento 15M en la Puerta del Sol (se pretendió confundir a la opinión pública después para intentar arreglar el error, alegando que había sido la Comunidad de Madrid gobernada por el PP quien había enviado a los antidisturbios), aunque posteriormente, al descubrir el impacto negativo que tuvo la medida (fue una provocación

---

14 En el año 2011, aún con el auge de las movilizaciones de las primaveras árabes, España continuó exportando armas y material de seguridad a países como Bahréin, Egipto o Arabia Saudí, tal y como denunciaron en el informe "Armas bajo control", las organizaciones Amnistía Internacional, Fundació per la Pau, Greenpeace, Intermon Oxfam y el IECAH (Instituto de Estudios sobre Conflictos y Acción Humanitaria). Se trataba de material de defensa y de doble uso, incluyendo armas de caza, deportivas y material policial.

que encendió aún más la movilización), decidió cambiar de estrategia y no se envió a más efectivos para dispersar la movilización del día siguiente, que fue aún más masiva como consecuencia de la brutal intervención de la policía del día anterior.

Sin embargo, la medida inicial demuestra la importancia que tenía también para el gobierno "socialista" poder disponer de material y personal adecuado para frenar la nueva realidad a la que se enfrentaban con buena parte de la población harta de un sistema injusto y podrido de corrupción.

En definitiva, la guerra es contra otros (no contra ejércitos extranjeros que vienen a invadirnos, ni amenazas terroristas que no sabemos muy bien dónde están,...), para el poder establecido el enemigo al que controlar e incluso abatir está muchas veces dentro de nuestras propias fronteras. En esta ocasión, Rubalcaba dio a entender que el enemigo eran los propios ciudadanos que estaban pidiendo a gritos un cambio social, y contra ellos desplegó a las fuerzas de seguridad.

CAPÍTULO 15

La ley de inseguridad ciudadana

En febrero de 1992 el gobierno del PSOE aprobaría la Ley Orgánica 1/1992, sobre Protección de la Seguridad Ciudadana[15], más conocida como la "Ley Corcuera", o la "Ley de la patada en la puerta". La aprobación de la misma estuvo envuelta en una enorme polémica, porque abría la posibilidad de que, en determinados supuestos, se realizaran registros policiales y se entrara en un domicilio sin autorización judicial. Este artículo fue modificado posteriormente en 1993 por un recurso al Tribunal Constitucional, lo que supuso la dimisión del ministro del Interior Jose Luis Corcuera. Sin embargo, otros muchos artículos de la normativa siguieron adelante, entre los que se incluía la retención policial para identificación. Una vez más, bajo el pretexto de la "Seguridad", se ponía en marcha un nuevo recorte de libertades.

La Ley sería sustituida posteriormente en 2015, por otra Ley de Seguridad Ciudadana con un sobrenombre también ilustrativo: la Ley "Mordaza"[16], aprobada por el gobierno del PP, y que iba mucho más allá en el recorte de libertades. Esta ley, alumbrada en el contexto del descontento ciudadano tras la crisis económica y con numerosas movilizaciones (15M entre otras), conculcaba derechos fundamentales, y daba manga ancha a las fuerzas de seguridad para practicar detenciones, registros, restricciones de tránsito, ante cual-

---

15 Ley Orgánica 1/1992, de 21 de Febrero, sobre protección de la seguridad siudadana.
16 Ley Orgánica 4/2015, de 30 de marzo, de protección de la seguridad ciudadana.

quier indicio o sospecha, estuviese más o menos justificada. También incluía medidas enormemente polémicas, criticadas por organizaciones como Amnistía Internacional, en lo que al control migratorio se refiere, utilizando determinadas medidas de fuerza, del mismo modo que legalizaba las llamadas "devoluciones en caliente" (rechazo en frontera de inmigrantes, sin ningún tipo de garantía jurídica).

Durante toda la legislatura, y las posteriores campañas electorales, la derogación de esta Ley sería una de las promesas electorales innegociables de buena parte de la oposición. Con la llegada al gobierno del conocido como "Gobierno de Progreso" de coalición entre PSOE y Unidas Podemos, el final de esta ley parecía acercarse, especialmente cuando en el acuerdo de gobierno de la coalición éste se contemplaba como uno de los puntos fundamentales. Sin embargo, a pesar de los numerosos intentos de Unidas Podemos, y de la presión de otros apoyos del gobierno, el PSOE decidió cerrarse en banda y mantener la Ley Mordaza. En 2023, a pocos meses del final de la legislatura, la ley se mantenía en su totalidad.

Durante todo este tiempo, el ministro del Interior Grande Marlaska, siguió haciendo uso de la misma para el férreo control de las fronteras, todo ello a pesar del gravísimo incidente que tuvo lugar el 24 de junio de 2022, en la valla de Melilla, con decenas de migrantes fallecidos (nunca se precisó el número real de víctimas, sólo se contabilizaron oficialmente 23 personas muertas, pero las imágenes que se filtraron hacen pensar que el número pudo ser mucho mayor), así como numerosos heridos. Numerosas ONGs reclamaron una investigación judicial exhaustiva ante la gravedad de lo sucedido, del mismo modo que, infructuosamente, se solicitó la apertura de una comisión de investigación en el Congreso de los Diputados. Los detalles que fueron apareciendo sobre lo sucedido, mostraban como la brutal agresión por parte de fuerzas marroquíes, había tenido lugar en suelo español, no obstante no se produjo ninguna dimisión, ni cese, y hasta la fecha estos graves hechos han quedado completamente impunes. Lamentablemente, para esto parece haber servido esta Ley de "seguridad ciudadana".

CAPÍTULO 16

Seguridad en la estación de tren de Valladolid

Un caluroso día de junio de 2018 tuve la oportunidad de viajar a Valladolid para asistir a un curso de formación (afortunadamente el clima en esta ciudad era mucho más agradable). Evidentemente, tuve que pasar el control de seguridad de la estación-centro comercial de AVE María Zambrano de Málaga para realizar en Madrid el correspondiente transbordo hacia Valladolid. Al llegar a Valladolid, no pude ver cuál era el dispositivo de seguridad para la salida de trenes. Pero sí pude ver que la estación era de estilo clásico de arquitectura en hierro, bonita y cómoda, como era la antigua estación de Málaga.

Varios días después, al coger el tren de vuelta desde Valladolid a Madrid, vi cómo nos dirigían directamente al andén donde estaban las vías de tren y junto a estas, estaba el improvisado dispositivo de seguridad, en una estación que no estaba pensada para ello. Se había formado una enorme cola a lo largo de las vías y junto a los vagones (probablemente porque dentro de la estación no había espacio alguno para ello), al final de la misma, estaba el correspondiente túnel de rayos X y los agentes de seguridad.

Lo primero que pensé ante semejante estupidez es que, si alguien quisiera realmente poner un artefacto explosivo no tendría más que situarse al final de la cola y depositarla suavemente en las vías o bajo uno de los trenes sin que nadie se percatase de absolutamente nada...

Alguien más se habría dado cuenta de ello porque en octubre de 2022 volví a viajar a Valladolid y pude ver en mi viaje de vuelta que se había emprendido una reforma del andén de la estación para dar cabida al dispositivo de seguridad e incorporar vallas que impidiesen el acceso directo a las vías.

CAPÍTULO 17

Disneyland tras el atentado

Durante el año 2015, París había sido golpeada con repetidos atentados que culminaron con el asalto a la sala Bataclán en la que se celebraba un concierto de rock. Sin entrar en la naturaleza de cada uno de ellos, ni en la posible o no relación entre tan lamentables sucesos, es innegable que la ciudad, la sociedad y el gobierno de la nación, estaban conmocionados y en situación de máxima alerta.

El verano de 2016, la alerta antiterrorista continuaba activada y habíamos decidido realizar un viaje familiar a Disneyland París, tras la insistencia de mi hija año tras año. Una de las cosas que más nos sorprendió a nuestra llegada era que, el entrañable ambiente del Mundo Disney también se había contagiado de la obsesión por la seguridad y la lucha antiterrorista. La plaza de llegada de la estación de tren y donde se concentraban las personas que iban llegando desde los principales hoteles circundantes del parque había sido tomada por numerosas vallas y controles de seguridad en cada esquina; Y cada acceso con numerosos agentes, escáneres, detectores de metal y largas colas. Y no, los policías de seguridad no iban disfrazados de personajes Disney o con alguna indumentaria que lograra transmitir amabilidad. La zona central de la enorme plaza quedaba rodeada por estas vallas, de tal modo que sólo podíamos circular alrededor de ellas en un estrecho anillo que nos llevaba a miles de personas, viniésemos de un lugar u otro, hacia alguno de los accesos con su correspondiente control de seguridad.

La primera duda que me vino a la cabeza era sobre lo que podría realmente suceder ante una situación de emergencia o una avalancha de personas, teniendo en cuenta el estrecho espacio que había quedado y el gran número de personas que nos concentrábamos allí. Ese sí podía ser un verdadero problema de seguridad, pero creo que no estaban pensando en ello.

CAPÍTULO 18

Orgullo Gay en una Madrid sitiada[17]

La fiesta del Orgullo Gay en Madrid se convirtió en el escenario de una ciudad sitiada en el verano de 2017. La obsesión por la seguridad y el pretexto de un posible atentado terrorista (aunque nadie sabía decir muy bien de dónde podía venir o quién podría cometerlo) llevó a la ciudad a una situación de aislamiento y bloqueo durante esos días. Se esperaba la asistencia de más de dos millones de personas, y el nivel cuatro de alerta antiterrorista (tras los atentados en Barcelona y en otras ciudades europeas), sirvió para que el lucrativo negocio de la seguridad creciera aún más, también a costa de la fiesta del Orgullo Gay.

Durante el fin de semana del 30 de junio al 2 de Julio de 2017 se desplegaron más de 2.000 efectivos en Madrid entre policía nacional, policía municipal, miembros del Grupo Especial de Operaciones (GEO) y seguridad privada. Durante estos días se valló todo el perímetro del centro, los dispositivos de seguridad para los conciertos fueron muy rigurosos, se establecieron también controles de seguridad en todos los accesos a la manifestación y a los principales eventos, se vigilaron todas las alcantarillas de la zona central, se desplegaron helicópteros...

Para finalizar, se mandó un mensaje de tranquilidad a los madrileños y a los turistas.

---

17   Ver también: Madrid extremará la seguridad durante el Orgullo, artículo de F. Javier Barroso, publicado en el diario El País el 19 de Junio de 2017. El Orgullo Gay convierte a Madrid en una ciudad tomada por la Policía, Artículo de Olga Pereda, publicado en el diario El Periódico, el 30 de Junio de 2017.

CAPÍTULO 19

Ayuntamiento de Málaga: Seguridad y lima de uñas

Hace ya varios años me encontré con una situación muy curiosa en mi propio ayuntamiento. La sede de una de las principales áreas de gobierno había cambiado, desplazándose las oficinas a unas instalaciones considerablemente más grandes. Esto, por "exigencias del guión", tenía que llevar aparejado un incremento de la seguridad y comenzó a dar lugar a situaciones insólitas.

La primera vez que acudí a las nuevas oficinas vi que ya no estaba la única persona que en la anterior sede trabajaba en seguridad (que apenas realizaba ningún control y únicamente intervenía en caso necesario, por algún altercado, para llamar a la policía) y que había sido sustituida por todo un dispositivo de seguridad. Ahora, tras atravesar la puerta tenías que esperar a que te atendiesen en una ventanilla, en la que había una persona que, indefectiblemente, pedía el nombre, apellidos y DNI a cualquier persona que quisiese entrar en las dependencias. A continuación, te preguntaba a que área o departamento te dirigías. Una vez le contestabas, te informaba con todo detalle (creo que esto no debería ser competencia del trabajador de una empresa de seguridad) de la ubicación de la oficina a la que te dirigías: "primera planta, continúas el pasillo y la segunda puerta a la izquierda".

Pero, lo más sorprendente es que a continuación me dijo: "pero pasa primero al siguiente mostrador y habla con las

compañeras para que te informen para llegar a esa oficina". Me quedé un poco confundido pero decidí pasar cuanto antes hacia dentro, antes de que me pidiese más datos personales o me hiciese pasar por un arco de seguridad que, afortunadamente, todavía no había visto. Me sentí como si hubiese "pasado de pantalla", y me aventuré a ver qué contrincante me encontraría en la siguiente, tras pasar la puerta de cristal. Al entrar, vi un enorme mostrador en el que había tres personas sentadas, una de ellas limándose las uñas, quizás la más apática de las tres. Ninguna me miró. Me acerqué a una de ellas (no a la que se limaba las uñas para no interrumpirla) y me preguntó: "¿Qué quieres?". "No lo sé muy bien, voy al área de participación a la primera planta pero la persona de seguridad me ha dicho que pase por este mostrador para que me informen". "¿Y de qué quieres que te informe si ya te ha informado ella?". La situación era totalmente absurda, evidentemente, la creación de un enorme dispositivo de seguridad caro y totalmente innecesario se había solapado con el servicio de información de las instalaciones municipales. La persona que pedía los datos personales a todo el mundo (¿que harán con esos datos para cumplir con la ley orgánica de protección de datos?), y preguntaba indiscriminadamente, realizaba también labores de información.

¿Cuánto cuesta este dispositivo de seguridad? ¿Cuántos incidentes se producen en estas instalaciones para justificar este gasto?

CAPÍTULO 20

Paco, esto no funciona

En el año 2007, la Diputación Provincial de Málaga inauguró su flamante nuevo complejo de edificios en el Paseo Marítimo (Calle Pacífico). El complejo fue calificado de "ecológico" para justificar la enorme inversión en esta gigantesca infraestructura, pero el calificativo duró poco cuando fueron asomando las primeras críticas acerca del enorme gasto energético que suponía la climatización de estos edificios con numerosos ventanales. Y cómo no, un nuevo edificio, necesitaba un nuevo dispositivo de seguridad.

A partir de ese momento un arco de seguridad, un túnel de rayos X y un completo equipo de aguerridos guardias de seguridad se incorporaban al decorado de todos los recibidores de cada uno de los edificios. Y no había duda del considerable celo del recién nombrado guardia de seguridad en el edificio principal. Cuando llegabas a este edifico con documentación para presentar en el registro, una de las primeras puertas a mano izquierda (antes de llegar al dispositivo de seguridad, unos metros más alejado), el guardia de seguridad te llamaba bruscamente y te exigía que pasaras inmediatamente por el arco de seguridad y los documentos por el túnel de Rayos X. De nada servía que dijeses: "oiga, yo sólo voy al registro aquí a la izquierda a traer esto que me habéis pedido...". Una vez superado el control de seguridad, con la "peligrosa" documentación que adjuntaba volvía hacia atrás para poder entrar al registro.

En alguna ocasión, uno de los funcionarios me pidió que le acompañase a su departamento para revisar la documentación y como había que entrar en uno de los pabellones interiores a los que se accedía tras el arco de seguridad, el vigilante volvió a pedirme que pasara por el mismo arco y de nuevo la misma documentación por el túnel de rayos X. De nada sirvió que le dijese que acababa de pasar por el arco antes de entrar en el registro..., probablemente porque nadie podía garantizar que no me hubiesen colocado algún explosivo. Llegué a la conclusión de que el registro ha de ser un lugar muy peligroso, de máxima alerta antiterrorista, porque podría haber infiltrados entre el funcionariado.

Imagino también que, atendiendo a las competencias de la Diputación Provincial, los pueblos pequeños han de ser los más peligrosos y sus escasos concejales y funcionarios están confabulando para cometer cualquier barbaridad...

Meses después vi que, para reducir un poco el nivel de surrealismo de aquello, habían decidido cambiar la ubicación de varios servicios, entre otros el del Registro, que se retrasó unos metros, para que estuviese más acorde con la ubicación del dispositivo de seguridad.

Pero mi experiencia definitiva vino cuando un aburrido día de verano, tras pasar por el arco de seguridad y cumplir con el protocolo (no había apenas nadie en el edificio) me dirigí al registro mientras el vigilante de seguridad charlaba amigablemente con los funcionarios. Momentos después, escuché a un funcionario gritar: "Paco, esto no funciona, haz el favor de echarle una ojeada al aire acondicionado". El agente de seguridad (que respondía al nombre de Paco) abandonó su importantísimo puesto de control y se dirigió diligentemente hacia la terminal del aire acondicionado y empezó a echarle una ojeada aquello. Por fin parecía realmente entretenido y eso sí, el arco de seguridad y el costosísimo dispositivo quedó durante un buen rato desierto. En aquel momento la verdadera amenaza terrorista estaba en el aire acondicionado.

CAPÍTULO 21

Seguridad en el Ayuntamiento de Antequera

En el verano de 2015, me dirigí al Ayuntamiento de Anteque-ra para registrar un proyecto de Cooperación al Desarrollo, creo que era la primera vez que visitaba este edificio y al pasar por la puerta principal vi varios carteles y libros de firmas para apoyar la candidatura de los Dólmenes de An-tequera como Patrimonio Mundial de la Humanidad. Firmé el libro de apoyos y continué hacia dentro en busca del re-gistro municipal o la oficina de información para saber a dónde dirigirme.

Al pasar por un pasillo lateral que bordeaba por la dere-cha un gran patio central del histórico edificio (muy bonito por cierto) pasé junto a otra entrada en la que se encontra-ba apostado un guardia de seguridad junto con un carísimo dispositivo (arco de seguridad, túnel de Rayos X, etc.) El guardia de seguridad, visiblemente aburrido, parecía algo molesto. Se debía a que la mayor visibilidad de la puerta principal, con motivo de la Campaña de los Dólmenes de Antequera, hacía que nadie entrara por la otra puerta (que supuestamente era por la que había que entrar) y por tanto nadie pasaba por su control de seguridad...

Tuve que volver a este ayuntamiento en varias ocasiones y reconozco que, todas las veces opté por la puerta princi-pal, no sé si para disgusto del guardia de seguridad.

Varios meses después volví con un compañero para una recepción oficial con el alcalde por la concesión de una sub-

vención al proyecto presentado. Ese día llegamos un poco
antes de la hora, pero tengo que reconocer que la persona
que nos atendió muy educadamente y nos recibió con todas
las atenciones fue el mismo guardia de seguridad. Nos in-
formó y nos contó la historia del edificio, nos enseñó sus
principales obras de arte e incluso se empeñó en abrirnos la
puerta de una sala cerrada (en la que creo que no debía habernos dejado entrar) y nos dejó allí para que pudiésemos
deleitarnos en ella y estar más cómodos.

CAPÍTULO 22
La mala educación

Recientemente, hice una prueba en un Edificio de usos múltiples de la Delegación Provincial de Educación de la Junta de Andalucía en Málaga. Llama la atención que, en un edificio donde se concentra la administración educativa, los controles de seguridad sean tan estrictos (profesores, opositores y familias, son los que frecuentan este edificio para realizar diversos trámites). De hecho, se trata de un dispositivo de seguridad ineludible, con una estrecha puerta de cristal que ha de atravesar todo el mundo y que, casi sin espacio, te conduce inmediatamente al arco de seguridad, al escáner de documentos sospechosos, mientras el vigilante de seguridad te interroga. Como la puerta está tras una larga escalera, cuándo hay algo más de gente, la cola puede formarse en la misma y eso tampoco es muy seguro.

Pues ese día de febrero de 2020, no tenía ganas de sacar todas las pequeñas monedas que tenía en mi bolsillo y meterlas en mi bolso; por lo que, a la pregunta del vigilante de seguridad, de si tenía monedas u objetos metálicos en el bolsillo, decidí decir que no. Intenté pasar rápidamente por el arco de seguridad y, efectivamente, en esta ocasión no sonó absolutamente nada. Y puedo asegurar que llevaba un buen montón de monedas en el bolsillo. Al parecer en estas administraciones no se considera que los ciudadanos que las frecuentan sean tan peligrosos y por ello, en lugar de eliminar el absurdo control de seguridad y el costoso contrato, optan por mantenerlo pero de una forma más ágil y con menos sensibilidad, con lo cual tampoco tiene mucha utilidad.

Poco después, probé a hacer lo mismo en la Delegación Provincial de Salud en Granada, también con el bolsillo lleno de monedas, y también con el mismo resultado...

CAPÍTULO 23

La ministra Báñez

Un amigo que trabajaba en las instalaciones del Ministerio de Empleo y Seguridad Social me contaba que la ministra Báñez, como otros muchos políticos, estaba realmente obsesionada con la seguridad: cambiaba continuamente las claves (de los ordenadores, red wifi, puertas, accesos), una considerable dotación de guardias de seguridad, e incluso todas las semanas hacía revisar su despacho por si había micrófonos... y por supuesto era muy recelosa de que nadie entrara en su espacio.

Al mismo tiempo, las condiciones laborales en el ministerio tampoco eran las idóneas y en febrero de 2015, un grupo de delegados y delegadas sindicales del SEPE (Servicio de Empleo Público Estatal) mantuvieron un encierro de protesta ante el despacho de la ministra. Un largo encierro que no pudo solventarse con la intermediación de la ministra (que era una de las reclamaciones), ya que en ningún momento lograron que ella hiciese acto de presencia (tal vez también por su obsesión por la seguridad).

Durante el encierro, evidentemente, los trabajadores se encontraron con unas medidas de seguridad asfixiantes: guardias de seguridad custodiando todos los pasillos, puertas con códigos de seguridad, inhibidores de frecuencia y limitaciones de acceso que les llevaron a tener que desplazarse a otros espacios para poder continuar con su protesta.

Al parecer, no había recursos económicos para solventar los problemas que manifestaban los trabajadores, pero sí presupuesto para el evidente incremento de las medidas de seguridad durante las movilizaciones.

Curiosamente, estos mismos vigilantes de seguridad, padecían también sus problemas laborales. Los guardias de seguridad de su ministerio, de la empresa Seguridad Integral Canaria, llevaban meses sin cobrar. Además, la empresa se acogió a una solicitud de inaplicación del convenio colectivo para rebajar los sueldos y derechos de la plantilla.

CAPÍTULO 24

¿Cuánto nos cuesta?

Esta ha sido siempre la gran pregunta que muchas personas nos hacemos una y otra vez, cada vez que tenemos que pasar unos de estos controles de seguridad, y es el gran interrogante que surge cada vez que intentamos debatir este tema con uno u otro interlocutor. Sin duda, a lo largo de la lectura de este libro, habrá sido una de nuestras preocupaciones, pero no pensemos que es nada fácil conocer esta información, y no pensemos que es accesible para cualquier ciudadano, simplemente haciendo una búsqueda web.

Para empezar, en lo que se refiere a los aeropuertos, sí encontramos que la adjudicación que aprobó el Consejo de Administración de AENA para los servicios de seguridad privada del conjunto de los aeropuertos españoles en mayo de 2018 ascendió a un coste de más de 300 millones de Euros (para dos años), aunque evidentemente esto es sólo el coste de personal de seguridad de todas las empresas contratadas para los 47 aeropuertos españoles. En esas cantidades no están los gastos ocasionados por la adquisición y mantenimiento de los equipos técnicos empleados (arcos de seguridad, escáneres, pasarelas de rodillos, soporte informático, etc.). Y evidentemente, tampoco se incluye el coste en personal de los cuerpos de seguridad del estado, que también están presentes y forman parte de ese dispositivo de seguridad en los aeropuertos. A esto habría que sumar también el coste de los dispositivos de seguridad en los puertos del estado y en las estaciones de tren que, en su mayoría, ya disponen de medidas y dispositivos de seguridad similares a los que vemos en nuestros aeropuertos.

Desde el comienzo de la idea de esta publicación, estuvimos realizando diversos intentos para obtener información sobre el coste de cada uno de estos equipos, inversión de cada administración, mantenimiento y contratación de personal de seguridad. Y para ello intentamos obtener esta información a través de diferentes administraciones.

Los primeros intentos fueron a través de consultas a algún parlamento autonómico, así como a Ayuntamientos y organismos supramunicipales, contando con la ayuda de algún grupo político que estuviese dispuesto a realizar la consulta. La respuesta fue bastante frustrante, no parecía tampoco que fuese un tema urgente ni prioritario, e incluso los grupos de la oposición no le daban mayor importancia a este tema. Probablemente esto suceda porque a buena parte de la clase política les parece un mal menor y, los que no lo comparten directamente y lo apoyan con fervor (que también los hay), asumen que no hay otra opción y están bastante resignados a este despilfarro.

De todos modos, tengo que reconocer que sí que logramos una respuesta del Parlamento Andaluz, a una consulta que realizó el Grupo Parlamentario de Izquierda Unida, sobre el gasto de esta administración autonómica en seguridad privada durante el año 2018. La comunicación remitía directamente a la web oficial con todos los gastos de esa comunidad autónoma, y remitía a varios apartados que, tras consultar una y otra vez, no llevaban a ningún sitio o al menos yo fui incapaz de encontrar la información. Desde luego no respondía a la filosofía de la Ley de Transparencia en relación a los tres "clics" con los cuáles se debería poder acceder a cualquier información.

El siguiente paso fue mucho más fructífero. Recordando la Ley de Transparencia, intentamos hacer la consulta directamente y con la mayor concreción posible, en el portal de transparencia de dos administraciones: la Junta de Andalucía y el Gobierno del Estado (concretamente el Ministerio de Hacienda). Y en este caso sí obtuvimos una respuesta mucho más concreta.

La respuesta de la Consejería de la Presidencia, Administración Pública e Interior de la Junta de Andalucía, recogía dos competencias *(Decreto 99/2019, de 12 de febrero, por el que se establece la estructura orgánica de la Consejería de la Presidencia, Administración Pública e Interior; Artículo 7, competencias de la Secretaría General de Interior y Espectáculos Públicos)*:

A. *La coordinación de la evaluación de las necesidades de protección contra riesgos de intrusión en los edificios públicos de la Administración de la Junta de Andalucía, incluidas las agencias dependientes de la Junta de Andalucía, así como la supervisión y la auditoría de los sistemas de protección contra esos riesgos.*

B. *El asesoramiento en la implantación y mantenimiento de los sistemas de seguridad contra intrusión en los edificios e instalaciones de la Administración de la Junta de Andalucía, así como la gestión o supervisión de los conectados a la Central de Enlace, Comunicaciones y Alarmas.*

Y a través de las mismas, se regulaban los *"gastos en materia de seguridad en la contratación de bienes y servicios para la protección de edificios e instalaciones de la administración de la Junta de Andalucía y de sus Agencias ante el riesgo de intrusión"*.

Pues bien, esos gastos correspondientes a los dos ejercicios económicos cerrados, 2017 y 2018, ascendían a las siguientes cantidades:

- 59.938.257,97 € en el año 2017

- 65.224.635,52 € en el año 2018

Un nuevo intento en 2023 a través del portal de transparencia de la Junta de Andalucía, para tratar de obtener datos correspondientes a 2019, 2020 y 2021 (los únicos disponibles hasta la fecha) resultó infructuoso, ya que, por alguna razón, no facilitaron los datos de toda la administración autonómica, sino que remitieron los datos en resoluciones separadas por Consejerías (en lugar de una cantidad global) pero no de todas ellas (recibimos la respuesta de 11 de las 13 Consejerías), y sin la información del gasto de las Delegaciones Territoriales. Por este motivo, en esta ocasión los datos de los que disponíamos sólo sumaban:

- 2019: 3.881.473,86 €

- 2020: 4.099.297,83 €

- 2021: 5.450.366,28 €

Cantidades muy por debajo del gasto real de esta comunidad en Seguridad, pero lo que sí refleja es el brusco incremento que este gasto experimenta año tras año, si bien en 2020 se incrementó un 5% respecto a 2019, en 2021 el incremento fue de casi un 33%.

En lo que se refiere a los gastos del Gobierno central, la respuesta que recibimos dividía los gastos en dos conceptos:

Suministros:

A. Equipos de control de acceso de personas y paquetería.

B. Sistemas de intrusión, antirrobo y contra incendios.

Equipos de seguridad electrónica y física

Servicios de seguridad privada y de servicios de auxiliares de control

En el primer caso, los gastos en 2017 ascendían a 41.167.000 €, y en 2018: 35.870.000 €.

Los gastos del segundo concepto fueron en 2017: 29.741.999,77 € y en 2018: 30.563.125,55 € Si bien los gas-

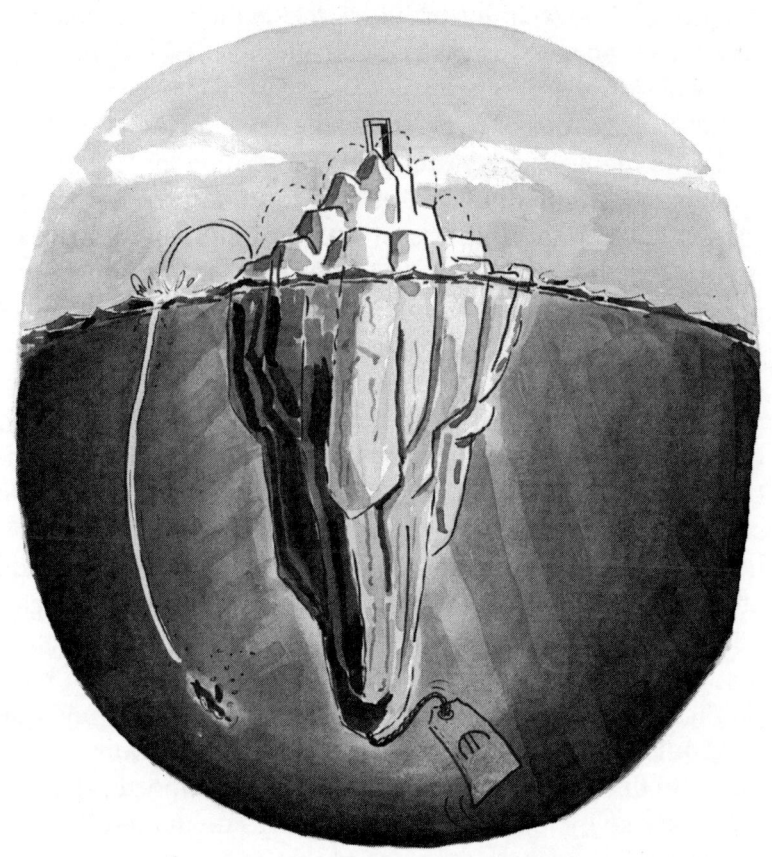

tos de la administración central no parecen excesivos, hay que tener en cuenta que buena parte de las competencias están trasladadas a las comunidades autónomas, y aquí se reflejaban sólo aquellos organismos de competencia estatal. De hecho, la respuesta adjuntaba un listado de dichos organismos, entre otros: Agencia Estatal de Administración Tributaria, Ministerio de Justicia, Servicio Público de Empleo Estatal, o Tesorería General de la Seguridad Social. Sin embargo, no parece claro en la documentación que recibimos que en dicha resolución se incluyesen los gastos de cada una de las Delegaciones provinciales de dichos organismos, sino más bien sólo los gastos referentes a los Servicios Centrales de estos organismos.

Pero el gasto real del Ministerio del Interior en Seguridad ciudadana es muy superior, siendo evidentemente el mayor porcentaje del presupuesto total de este ministerio (que ascendió en 2022 a casi 10.000 millones). Concretamente el presupuesto en 2022 para la "protección de los derechos y libertades de los ciudadanos" ascendió a 7.442 millones de euros.[18]

Tras varios intentos, no logramos ninguna respuesta de Ayuntamientos o administraciones supramunicipales como diputaciones provinciales. Por ello, decidimos, simplemente, intentar averiguar cuánto costaba un dispositivo de seguridad, partiendo de una instalación básica, con un escáner de rayos X, un arco de seguridad y el personal que ha de atenderlo. Para ello, tras intentar hacer varias averiguaciones, sí que logramos acceder a los pliegos de contratación de diversas administraciones (documentación que se hace pública) y, tras poder comparar varios de ellos, vimos que la adquisición de la instalación básica tendría un coste de entre 50.000 y 60.000 €. Dependiendo del importe, en algunos casos se incluían también los costes de mantenimiento y reparación por un tiempo determinado. Pero a eso hay que sumar también los costes del personal de seguridad privada para atender dicho dispositivo durante todo el tiempo de apertura de dicha administración.

En el caso de la administración más cercana, municipal y provincial, desconocemos el gasto medio anual en estos dispositivos de seguridad; pero si hacemos un cálculo multiplicando sólo el coste de personal de seguridad por los municipios que hay en nuestro país, el resultado puede ser

---

18   Interior destina más del 80% de presupuesto a seguridad ciudadana y dota con 1.272 millones a prisiones (Europa Press, Artículo del 13/10/2021).

desolador. Aunque sólo consideremos aquellos municipios más grandes con más de 20.000 habitantes (que son más de 400), con un solo vigilante de seguridad, ya superaría los 10 millones de euros, si sumamos el escáner, arco de seguridad, mantenimiento, etc....; y si a ello le sumamos los gastos del resto de las administraciones... Es cierto que no todos los pueblos tienen este tipo de dispositivos (porque además, obviamente no lo necesitan). Pero una simple visita a muchos de nuestros ayuntamientos, incluso los más pequeños, nos sorprendería ver la importancia que se le da a la seguridad, y cómo el gasto en este concepto no ha dejado de incrementarse progresivamente en los últimos años.

Es muy triste ver como muchos de estos municipios no tienen presupuesto siquiera para poder contratar un trabajador social para dar respuesta a los múltiples problemas sociales de su municipio, pero siguen manteniendo un enorme gasto en seguridad. Paradójicamente, en muchos casos se trata de municipios en los que el mayor problema es el envejecimiento de su población, o la pérdida de población que amenaza la existencia del propio municipio, problemas que no se solucionan con un dispositivo de seguridad en su ayuntamiento.

CAPÍTULO 25

Cárceles privadas

De sobras es conocida, la enorme población carcelaria de un país como EEUU (con más de 2 millones de personas en 2018 es el primer país del mundo).[19] Sin embargo no implica, ni mucho menos, que con ello se haya conseguido consolidar un país con menos delincuencia, como podría parecer, sino más bien lo contrario. Determinadas cuestiones como el fácil acceso a las armas de fuego y su ausencia de control, probablemente tengan mucho que decir al respecto de los alarmantes datos de delincuencia de muchos estados (el Distrito de Columbia supera los 1.000 crímenes violentos por cada 100.000 habitantes, y otros estados como Nuevo México, Tennessee, Arkansas o Louisiana presentaron cifras superiores a los 500 crímenes por 100.000 habitantes en 2019), así como del enorme número de prisiones (más de medio centenar), de población reclusa y el enorme gasto que eso supone en el sistema penitenciario (según diversos estudios en los últimos años el coste supera ya los 70.000 millones de dólares).

Por todo ello ya en los años 80 Ronald Reagan, presidente de los EEUU, comenzó a introducir cambios. No para abrir una profunda reflexión sobre la eficacia y eficiencia del sistema para una reforma. Sino para introducir al sector privado concediendo la construcción y la explotación de las cárceles a empresas privadas. Una vez más, la excusa perfecta volvía a ser la de la optimización y reducción del gasto público, pero el verdadero objetivo forma parte de la lógica

---

19   Información obtenida de WPB (World Prison Brief) correspondiente a datos de 2018: 2.094.000 personas.

neoliberal: el enriquecimiento de determinados individuos (apenas un par de empresas se repartían este jugoso pastel de cientos de millones de dólares). Un enorme negocio, en el que nunca habrá crisis y siempre será rentable.

Las consecuencias de todo ello fueron que la reinserción de la población carcelaria quedaba en manos de personal mal pagado y mal cualificado, hubo un incremento de los incidentes racistas, de malos tratos a los presos, e incluso se señala que, lejos de fomentar la reinserción social, el objetivo de este sistema comienza a ser otro: garantizar la permanencia y el incremento de la población presa (el personal de algunas prisiones puede decidir si un preso ve alargada su estancia por mala conducta o cualquier otra actuación reprobable en prisión) y especialmente de aquellos con delitos de mayor gravedad y con mayores penas, porque también incrementa los beneficios: presos más peligrosos implican facturar más gastos en costes de seguridad y, evidentemente, durante más tiempo.

Estas empresas obtienen hasta 80 dólares por preso y día, pero los beneficios anuales superarían los 200 millones anuales.

En el año 2017, tras la llegada de Donald Trump a la Casa Blanca, las dos empresas que participan en el negocio de las prisiones, subieron en bolsa más de un 100%.

Sin duda un modelo que va a seguir dando mucho que hablar en los próximos años, y que no tardará mucho en llegar a la Unión Europea.

CAPÍTULO 26

Concertinas[20]

Año tras año, gobierno tras gobierno, se reconoce la crueldad de estas afiladas cuchillas, las gravísimas e inhumanas heridas que producen a personas que intentan cruzar nuestras fronteras buscando una vida mejor, y se afirmaba que se "estudiarían" y se "solicitarían informes" para encontrar alternativas y reducir las posibles lesiones. Las promesas del PSOE durante la legislatura del PP con Mariano Rajoy, no se cumplieron tampoco con la llegada al gobierno del PSOE en el verano de 2018. El nuevo Ministro del Interior (Fernando Grande Marlaska) tampoco estaba por la labor de eliminar las concertinas. A finales de 2019 por fin el Ministerio del Interior comenzó a retirar las concertinas en las Vallas de Ceuta y Melilla, pero elevando un 30% la altura de la valla y sustituyendo las peligrosas cuchillas por otros elementos disuasorios "menos cruentos".

Me sorprendió y me entristeció mucho saber que estas concertinas se fabrican en una empresa del municipio de Cártama (Málaga), muy cerca de donde vivo. Probablemente desde el punto de vista de este empresario la fabricación y venta de este material estaría más que justificada, sobre todo teniendo en cuenta los jugosos beneficios que estaría

---

20   Ver también: *El baile de las concertinas: España las quita y Marruecos las pone (con dinero de la UE)*, Artículo de Miguel Riaño, publicado en El Independiente, el 30 de Enero de 2019. *El Gobierno retirará todas las concertinas de Ceuta y Melilla "a corto plazo"*, Artículo de Pablo Herráiz en el diario El Mundo, publicado el 18 de Enero de 2019. *Marlaska anuncia que las concertinas de las vallas de Ceuta y Melilla se retirarán "en las próximas semanas"*. Artículo publicado en El Diario.es, el 23 de Febrero de 2019.

obteniendo de ello, pero sigue siendo reprobable desde el punto de vista humanitario el enriquecimiento a costa del daño y muerte de otros seres humanos. Es lamentable que todavía siga aceptándose por una parte de la ciudadanía que para crear puestos de trabajo y solucionar los problemas de desempleo "todo vale".

CAPÍTULO 27

CIEs: Un montaje de seguridad para atenazar a la población inmigrante

Los Centros de Internamiento de Extranjeros (CIE) son unas siniestras instalaciones que surgieron con la primera Ley de Extranjería en 1985 (Ley Orgánica 7/1985 del 1 de Julio sobre *Derechos y Libertades de los Extranjeros en España*), en la cual se establecía la *"posibilidad de acordar judicialmente, con carácter preventivo o cautelar, el ingreso en centros que no tengan carácter penitenciario de extranjeros incursos en determinadas causas de expulsión mientras se sustancia el expediente".*

En definitiva, se establecía la privación de libertad, de personas que habían llegado a nuestro país en busca de una vida mejor, por el simple hecho de cometer una irregularidad administrativa: no tener la documentación que les autorizaba a residir legalmente en España. Esto mismo fue motivo de un recurso al tribunal constitucional (lamentablemente con una sentencia desfavorable para las organizaciones sociales que denunciaban la existencia de estos centros), teniendo en cuenta además, que únicamente una orden ministerial regulaba la privación de libertad de estas personas en estos centros, en unas condiciones lamentables (en muchas ocasiones, incluso peores que las de una prisión y con menos garantías jurídicas), y que pasarían muchos años hasta la aprobación de alguna normativa más concreta al respecto.

Inicialmente esta privación de libertad era por 40 días en el transcurso de los cuales la persona, supuestamente, procedería a ser expulsada. Este plazo se alargó considerablemente, hasta los 60 días, en la nueva reforma de la Ley de Extranjería aprobada por el gobierno español en el año 2009 *(Ley Orgánica 2/2009, de 11 de diciembre, de reforma de la Ley Orgánica 4/2000, de 11 de enero, sobre derechos y libertades de los extranjeros en España y su integración social)*, apoyándose en la conocida como "directiva de la vergüenza" de la UE (Directiva de Retorno de Extranjeros, *Directiva 2008/115/CE del Parlamento Europeo y del Consejo, de 16 de diciembre de 2008, relativa a normas y procedimientos comunes en los Estados miembros para el retorno de los nacionales de terceros países en situación irregular)*.

En 2018 poco más de la mitad (un 58 %) de las personas internadas fueron finalmente expulsadas (*Informe CIE 2018 "Discriminación de origen", Servicio Jesuita de Refugiados*) y fue un año en el que se incrementaron las expulsiones, en el año 2017 sólo el 37% de las personas internadas fueron expulsadas. Estas cifras se han venido repitiendo año tras año, y han puesto en duda una y otra vez cuál es el verdadero objetivo de los CIES.

En lo que se refiere a las expulsiones, el gobierno español abrió 189.025[21] expedientes de expulsión entre 2017 y 2021, pero ejecutó 38.736 repatriaciones según datos del Ministerio del Interior. Incluso en algunas respuestas parlamentarias el propio Ministerio del Interior reconocía que en 2022, apenas si pudo ejecutarse el 5% de las expulsiones propuestas.

---

21   *España abrió en 5 años 189.000 expedietnes de expulsión y devolución de extranjeros pero ejecutó 38.736 repatriaciones (Europa Press, Artículo del 26/01/2023)*

Las políticas de inmigración basadas en la expulsión de estas personas, por el simple hecho de haber cometido una infracción administrativa, son más que reprobables desde el punto de vista humanitario, pero es que además, esas expulsiones no son viables. No lo son, porque olvidamos que estas leyes están pensadas desde gobiernos occidentales, con una administración compleja y un rigor que no existe en muchos países africanos (muchos de ellos en situación de guerra, conflictos olvidados o gobiernos fallidos). A partir de aquí la identificación (obligatoria) y posterior expulsión de estas personas a su país de origen se convierte en una odisea, en una tarea imposible, que muchas veces se solventa con el pago de enormes cantidades (con fondos reservados) al gobierno corrupto de un tercer país, para que acepte quedarse con esas personas (aunque no sean realmente de esa nacionalidad). Al mismo tiempo, se deja de lado el sombrío futuro que le espera a esas personas en los países a los que son expulsadas; encarceladas, torturadas, y con verdadero riesgo para su vida teniendo en cuenta la situación de la protección de los derechos humanos de los inmigrantes en muchos de estos países (en la actualidad países como Libia están siendo tristemente noticia por este tema).

Pero volviendo a la pregunta inicial, ¿si no pueden ser expulsadas en su mayoría para qué sirven realmente los CIES? La única respuesta que encontramos es la función represora y como herramienta para atemorizar a buena parte de la población inmigrante, fundamentalmente aquella que se encuentra en situación administrativa irregular, en una situación de enorme precariedad sociolaboral. Sin duda, miles de personas en nuestro país que no pueden regularizar su situación y que son explotadas laboralmente son un gran caldo de cultivo para posibles movilizaciones e incluso para promover cambios sociales, no sólo para ellos sino para toda la ciudadanía. Es evidente que nuestro país necesita masivamente mano de obra inmigrante (especialmente en determinados sectores como la hostelería, cuidados, agricultura, etc.) pero también es cierto que en nuestro país no se ha fomentado que ese trabajo y la riqueza que se genera a partir de la ocupación de esos sectores laborales, contribuyan en beneficio de todos (a través de impuestos, seguridad social, etc.). Por el contrario, el modelo que se ha impuesto es el de mantener permanentemente una bolsa considerable de personas en situación administrativa irregular, que estén dispuestas a aceptar cualquier trabajo y en condiciones inhumanas, porque en muchos casos supone también un ahorro y enriquecimiento considerable a determinados empresarios. Y para consolidar y mantener este modelo, necesitamos que ese sector de población explotada y empobrecida no chille demasiado...

Al mismo tiempo, el coste de este tipo de infraestructuras, los CIES, es muy grande, y es realmente difícil de justificar su existencia teniendo en cuenta su nula eficacia y las enormes críticas que supone desde el punto de vista humanitario. ¿Cómo podrían mantenerse estos centros con todos estos inconvenientes si no hubiese detrás un objetivo económico?

Por todo ello tendríamos que empezar a incluir también en nuestra crítica algunas de las nuevas infraestructuras que se están creando con objetivo similar, Que intentan sortear la mala fama que han ido ganando los CIES durante los últimos años, con numerosas denuncias en los tribunales, graves incidentes con la policía, cierres de centros, etc.... Nos referimos a nuevos modelos como los CATE (Centros de Atención Temporal de Extranjeros), en los que se reduce la estancia de estas personas, pero que mantienen un objetivo similar y están destinadas principalmente a personas recién llegadas en embarcaciones (les damos ese recibimiento...).

La estrategia de uno y otro gobierno con los CIES (pero también ahora con los CATES) ha sido la de "disfrazar" la función de estos centros, utilizándose el concepto de "Centros de Acogida", cuando evidentemente no es así, porque estas personas son privadas de libertad y están en un centro con rejas y vigilancia policial. Por tanto no están "acogidas" en un albergue o un dispositivo abierto que les permita salir cuando ellos lo deseen. Un lamentable ejemplo de ello tuvo lugar en el verano de 2018, por parte del recién llegado gobierno socialista que, tras permitir el desembarco de inmigrantes del Open Arms en Barcelona, otros inmigrantes fueron recluidos en CIES, y la Vicepresidenta Carmen Calvo utilizó en varias ocasiones la expresión: "es que tenemos que acogerlos", para responder a las preguntas de la prensa sobre su encierro en CIES.

En estos centros, en España, hace varios años que comenzaron a participar también empresas externas privadas en determinadas tareas (comedor, atención sanitaria, traducción...), si bien la titularidad de los mismos es estatal y siguen estando gestionados fundamentalmente por la policía nacional. Pero todo esto está cambiando desde hace años (y no para mejor), y en países como Reino Unido también se contempla la gestión privada de estos centros.

Por otra parte, la UE está apostando desde hace varios años por la externalización de sus fronteras, a partir de la creación no de Centros de Internamiento (con menor capacidad) sino de "Campos de Internamiento" en países africanos como Mauritania o Libia. En ellos serían recluidas estas personas en condiciones infrahumanas, *sine die*, sin acceso de las organizaciones de derechos humanos ni agencias humanitarias y lejos del foco de los medios de comunicación. Todo ello bajo el control de estos gobiernos africanos que recibirían la correspondiente contraprestación. Pero eso sí, ¿a que no adivinan de dónde serán las empresas con las que se contrate la seguridad de esos gigantescos campos?

Si todo esto nos resulta poco creíble, únicamente un ejemplo del que ya tal vez no nos acordemos: en el año 2010, antes de la guerra de Libia, cuando Silvio Berlusconi todavía gobernaba en Italia y Muamar el Gadafi en Libia, ambos negociaron ya sobre la creación de estos campos en territorio libio.

En marzo de 2023 el Reino Unido (ya fuera de la UE) aprobaría una nueva ley para expulsar a todos los migrantes que llegasen en embarcación a sus costas, impidiéndoles además pedir asilo. Incluso estas personas podrían ser devueltas a Ruanda o a otros territorios, con los cuáles se llegaría a acuerdos. Todo ello, no sin numerosas protestas internas y a nivel internacional, teniendo en cuenta la enorme polémica suscitada por las propuestas, que atentarían contra la Convención Europea de Derechos Humanos y el derecho internacional.

CAPÍTULO 28

El genocidio silencioso de Gaza como campo de pruebas de Israel

Era el segundo día de viaje, llegábamos a la entrada de la Franja de Gaza por el paso de Eretz (el único autorizado por Israel) tras haber dormido en Jaffa. Habíamos decidido comenzar la visita a nuestros proyectos de cooperación por la zona más complicada, de más difícil acceso. Era un frío y húmedo día de enero de 2016 y la situación en Gaza ya era insostenible como consecuencia del inhumano bloqueo impuesto por Israel. Todo ello, una vez más, con la pasividad y ante la mirada cómplice de la comunidad internacional, que seguía permitiendo a Israel el encierro de más de dos millones de personas (la cárcel a cielo abierto más grande del mundo) en condiciones de extrema pobreza y de emergencia humanitaria.

Cuando nos dirigimos a la ventanilla apenas pudimos hablar con una soldado israelí encerrada tras un grueso cristal blindado, que nos dijo unas palabras con el micrófono que apenas pudimos escuchar. Uno a uno le entregamos toda nuestra documentación, incluido el permiso para la entrada y, una vez que nos lo devolvía, pasábamos hacia dentro. No imaginábamos que ella sería la única persona que veríamos hasta llegar a la zona controlada por la administración palestina.

A continuación, cada uno de nosotros por separado, atravesaríamos un laberinto de escáneres corporales, detectores de metales, cámaras de seguridad, etc. con altavoces y

carteles que te iban diciendo en cada momento qué tenías que hacer. Cuando te demorabas en alguno de los pasos saltaba una luz roja y el mensaje se reiteraba. "Deposite todas sus pertenencias en la bandeja...", "deposite su equipaje en el dispositivo...", "espere su equipaje en la cinta" (en inglés, hebreo y árabe). Todo funcionaba como un reloj, era un dispositivo de seguridad con la última tecnología disponible en el mundo y todo de fabricación israelí. Habían logrado la creación del dispositivo de seguridad cuasiperfecto, de tal modo que ningún soldado ni agente de seguridad israelí tendría que arriesgar su vida y ni tan siquiera entrar en contacto con ningún ciudadano palestino. Era la deshumanización total a costa de la seguridad. Ningún ciudadano israelí correría riesgos, pero tampoco podría empatizar lo más mínimo con ningún ciudadano/a palestino/a, apenas si tendría que verle la cara (el dispositivo para la salida de Gaza era exactamente el mismo), ni saber que había una persona dentro de ese laberinto de cámaras y escáneres. Aproximadamente una hora después, nos dieron el último mensaje y salíamos al exterior, tras cerrarse una puerta automática detrás nuestra, a un enorme pasillo cerrado y vallado de dos kilómetros que nos llevaría hasta la terminal de la administración palestina.

Medio mundo estaba ya firmando contratos con empresas israelíes[22] que comercializaban este material de ultimísima generación, probada a través del trato inhumano a la población palestina, así como también con los miembros de organizaciones humanitarias que con enormes

---

22 Según el Stockholm International Peace Research Institute (SIPRI) las exportaciones de armas de Israel crecieron un 77% entre el periodo 2010-2014 y el periodo 2015-2019, un incremento espectacular que les llevó a entrar en la lista del Top 10 de los principales exportadores, siendo el octavo del mundo. Además de España, países como Italia, India, Vietnam, Canadá o Azerbaiján compraron armas a Israel durante este periodo.

dificultades seguíamos insistiendo en conocer de primera mano lo que Israel estaba provocando en Gaza.

La última tecnología al servicio de la ocupación y de este genocidio silencioso se desarrollaba en muchas de las Universidades Tecnológicas de Israel, que por este mismo motivo son también objeto de boicot por la campaña internacional BDS.

Sin embargo en el año 2017 ocurrió algo imprevisto. En la madrugada del 27 de Julio de ese año Israel tuvo que retirar todas las medidas de seguridad adicionales que había instalado en las inmediaciones de la explanada de las mezquitas: vallas de metal, cámaras, detectores de metal, arcos de seguridad... que habían desatado numerosas movilizaciones durante dos semanas. Hubo numerosos incidentes con muertos y heridos, pero finalmente fue la movilización pacífica del pueblo palestino la que infringió una derrota imprevista al corazón de la industria de la seguridad.

Lamentablemente, dos años después, en 2019, tuve la oportunidad de volver a visitar nuevamente Gaza. Los controles y la fortificación a la entrada y a la salida no sólo se mantenían, sino que se habían especializado y tecnificado aún más. Israel, la potencia ocupante, incluso había agilizado la entrada a Gaza. Por desgracia, la novedad fue descubrir que también la Autoridad Palestina y el Gobierno de Hamas en Gaza se habían contagiado de aquella obsesión por la seguridad, evidentemente con medios técnicos y recursos muy precarios, de una enorme pobreza, que hacían el tránsito hacia Gaza lento y tedioso. La población palestina de Gaza, las víctimas de esta inhumana ocupación, también estaban siendo víctimas de absurdos y toscos controles de seguridad por parte de su propio gobierno.

CAPÍTULO 29

Inseguridad bancaria: la banca siempre gana

A finales de 2021, una amiga me decía que estaba preocupado por un grupo de chicos que habían llegado al barrio y le generaban mucha inseguridad. Temía que le hiciesen algo a su hijo adolescente porque había escuchado rumores de que habían robado ya a gente del barrio. Yo conocía a esos chicos, en una situación de enorme vulnerabilidad y exclusión, pero le pregunté a ella si realmente a alguien de su familia le habían ya robado o tenía alguna certeza de que eso le hubiese ocurrido a alguien cercano. Me dijo que no. A continuación, le pregunté también por su cuenta corriente en el banco y por cuánto le habían cobrado por comisiones y gastos varios en los últimos meses y me reconoció que tal vez se estaba preocupando por las personas equivocadas...

Aproveché entonces para contarle como la semana anterior yo mismo tuve una desagradable experiencia en ese sentido. Acudí a una oficina bancaria para sacar dinero de caja para gastos de corrientes de la organización en la que trabajo y si me despisto un poco, me voy con un bolígrafo de La Caixa y habiendo perdido 1.000 €. Tras intentar sacar dinero del cajero automático con una tarjeta monedero, una avería hizo que emitiese un recibo con el dinero retirado, e incluso lo hiciese constar en la cuenta, pero el dinero no llegaba a salir. Al dirigirme a la oficina, vi cómo un técnico estaba hablando precisamente con los trabajadores de la sucursal sobre la avería, y al parecer estaban intentando repararla. Sin embargo, cuando yo me dirigí al interior para pedir explicaciones, desde la sucursal se negaron a darme ningún documento que avalara el problema que había tenido con el cajero: "usted váyase y ya le llamaremos cuando hagamos el recuento diario, para ver si es verdad...". Pregunté cuándo me llamarían, así como por algún tipo de documento o constancia de lo sucedido, temiendo que tuviese que poner yo el dinero de mi bolsillo. Se negaban rotundamente y no me concretaban tampoco cuándo me llamarían o si podría recuperar el dinero. El único recurso que me quedaba era pedir la hoja de reclamaciones para poder hacer constar por escrito lo sucedido. Como ya me había venido sucediendo en otros casos, la sola exigencia del libro/hoja de reclamaciones, suele tener efectos mágicos, en un primer momento sorprende y produce malestar en el responsable del negocio, pero a continuación todo se soluciona y se suaviza. Una vez presentada la reclamación, entonces sí, volví a mi trabajo. Pero no me dio tiempo a llegar a la oficina, porque en cuestión de 10 o 15 minutos me llamaron de la sucursal, para recoger el dinero.

Lamentablemente, este tipo de prácticas, así como el continuo cobro e incremento de comisiones por cualquier gestión, se ha convertido en algo cotidiano. Un verdadero abuso, si tenemos en cuenta que la implantación de la administración electrónica nos obliga a todos a recibir los ingresos en una cuenta corriente y a realizar todos los pagos por esta misma vía. Al mismo tiempo, las entidades bancarias no han dejado de eliminar oficinas (y muy especialmente en las zonas rurales), implantando a las bravas una banca electrónica con la que han dejado atrás a los colectivos más vulnerables, y muy especialmente a las personas mayores.

En el año 2014 se aprobaba una directiva del Parlamento Europeo[23] para garantizar a toda la ciudadanía, a una cuenta de pago básica. Esta misma normativa daría pie al estable-

23   Directiva 2014/92/UE del Parlamento Europeo y de Consejo, de 23 de Julio de 2014

cimiento de una normativa en España[24] para garantizar el
acceso a estas cuentas de pago básicas, e incluso gratuitas,
para garantizar que toda la población, e incluso las personas más vulnerables tengan acceso a este tipo de cuentas
corrientes. Han pasado varios años y sigue sin haber información alguna al respecto en ninguna sucursal bancaria
que yo haya visitado, y en la gran mayoría de los bancos cu-
nado se pregunta por esta posibilidad (por supuesto nada
rentable para las entidades bancarias) no dan información
al respecto o se limitan a decir que no saben nada del tema,
que ya lo consultarán y darán respuesta (que por supuesto
nunca llega).

En Junio de 2022, según datos del propio FROB (Fondo
de Reestructuración Ordenada Bancaria, creado con la
crisis de 2008), se reconocía que, de los más de 58.000
millones de euros inyectados para rescatar al sistema bancario, apenas se habían recuperado 6.000 millones. Más de
50.000 millones no habían sido devueltos por los bancos y
todo apunta a que nunca lo harán.

Este mismo año 2022, algunos de estos bancos, como
el Banco Santander, presentaron una cuenta récord de
beneficios.

24 Real Decreto Ley 19/2017, de 24 de noviembre, de cuentas de pago
básicas, traslado de cuentas de pago y comparabilidad de comisiones
y Real Decreto 164/2019, de 22 de marzo, por el que se establece un
régimen gratuito de cuentas de pago básicas en beneficio de personas
en situación de vulnerabilidad o con riesgo de exclusión financiera.

CAPÍTULO 30

¿Qué hacen los bancos con nuestro dinero?

Sin duda uno de los capítulos más controvertidos de este tema es la enorme inversión que hacen las entidades bancarias en la industria de la Seguridad y la Defensa. La mayor parte de la ciudadanía tenemos una buena parte de nuestros ahorros depositados en estos bancos, pero no sabemos realmente dónde está nuestro dinero. Y deberíamos saberlo.

Hay que decir que es difícil separar ambas industrias, la militar y la de seguridad, porque son muchas las empresas que desarrollan armamento militar, pero también armas de doble uso, material antidisturbios o destinado a la seguridad privada. Del mismo modo, no son nada anecdóticos los casos en los que, con el pretexto de "salvaguardar la seguridad", más de un gobernante emplea armamento contra su propia población, pero más difícil es saber de dónde procede ese armamento, quién lo vendió y quién contribuyó a su fabricación.

El pasado año 2019, un grupo de organizaciones (el Centro de Estudios por la Paz JM Delás, SETEM, RETS, Justicia y Pau y el Observatorio de la Deuda en la Globalización) desarrolló la iniciativa Banca Armada[25] para denunciar públicamente a las instituciones bancarias que financian la industria militar, con el objetivo de sensibilizar y exigir unas políticas éticas y responsables socialmente.

La iniciativa, además de recoger varias publicaciones, ofrece una base de datos online con información de las entidades bancarias (de los principales países con bancos

25   Ver www.bancaarmada.org

implicados en este negocio) e incluso empresas aseguradoras o fondos de pensiones, que han invertido en la industria del armamento en el periodo de 2011 a 2018.

En el caso de España hay que destacar la enorme inversión que siguen realizando en este sector entidades como el BBVA o el Banco de Santander, pero también la Sociedad Estatal de Participaciones Industriales (SEPI).

Las organizaciones que impulsaron esta iniciativa venían realizando informes sobre este tema desde hacía varios años. E incluso organizaciones como SETEM habían denunciado que las bombas de racimo usadas por Gadafi para bombardear a la población Libia en Misrata en 2007 fueron fabricadas contando con la financiación de entidades bancarias españolas.

CAPÍTULO 31

La última guerra europea

En 1991 estalló la que, hasta hace bien poco, había sido la última guerra de Europa. La República de Yugoslavia se rompió en pedazos en una sangrienta guerra en el corazón de Europa, en la que las potencias occidentales parece que estuvieron más interesadas en apoyar a uno u otro bando para salvaguardar sus intereses, que en defender a la población civil de una terrible masacre. Buena parte de la ciudadanía no esperábamos el estallido de aquella guerra, de hecho muchos yugoslavos tampoco (una familia bosnia amiga me contaba cómo ellos mismos nunca creyeron que pudieran llegar a ver sus vecinos como enemigos). Para buena parte de la ciudadanía europea resultaba insoportable aquel conflicto, especialmente por su cercanía y por su crueldad.

Años más tarde, en 2003, la invasión de Irak y la participación de España de la mano del Presidente Jose María Aznar, volvió a traer la pesadilla de la guerra a nuestro país. Las manifestaciones, que ya habían tenido lugar en protesta por la pasividad de la comunidad internacional por las matanzas en Yugoslavia, en el caso de Irak se hicieron multitudinarias. Especialmente en España, donde la ciudadanía dejó patente que no apoyaba aquella intervención militar, no estaba dispuesta a respaldar nuestra presencia en esa guerra y, probablemente, tampoco en ninguna otra.

La pregunta que siempre me he hecho desde entonces es si este es un factor más que condiciona la nueva deriva de la industria militar. Es muy posible que cada vez sea más improbable nuestra participación real en conflictos armados, que cada vez son menos probables en Europa, pero tampoco parece que nuestra población apoye nuestras aventuras militares en conflictos remotos. Probablemente, si la industria militar quiere seguir manteniendo su negocio, tenga que aprender a reorientarlo, a reconvertirlo y sin duda, la industria de la seguridad puede ser un camino para ello.

Sin embargo, el estallido de la guerra en Ucrania en febrero de 2022, tras la invasión de Rusia, parece dibujar un escenario distinto y nos tiene que hacer pensar que la industria armamentística, en todo su apogeo y con todo su arsenal, siempre está lista y preparada para intervenir y, también, para hacer caja.

En las potencias occidentales (fundamentalmente UE y EEUU) el discurso militarista y la apuesta por el envío masivo de armamento a Ucrania se impuso por delante de otras iniciativas más críticas, que ponían en duda el final y el precio de intentar acabar con un conflicto alimentando con armas a una de las partes (aunque en este caso se trate del país invadido). Tampoco parece estar muy claro que la otra parte (Rusia), no esté recibiendo también armas de no sabemos muy bien qué potencias y qué fabricantes de armas, con lo que nadie es capaz de predecir cuándo terminará el conflicto y a qué coste, material y humano.

El gobierno español apenas dudó en comenzar a enviar armas a Ucrania, en sintonía con lo que ya había empezado a hacer la UE, y en marzo de 2022 decidió comenzar a hacerlo a pesar de la oposición de sus socios de gobierno y otros grupos parlamentarios. El siguiente paso en la polémica fue el anuncio del presidente del gobierno de España de su intención de duplicar el gasto en Defensa para alcanzar el 2% que exige la OTAN y especialmente en el contexto de la guerra de Ucrania.

En enero de 2022 el gobierno de España anunciaba que, en el contexto de la aprobación de la nueva ley de cooperación al desarrollo, el gobierno aprobaría destinar el 0,7% del PIB para la Ayuda Oficial al Desarrollo en el horizonte del año 2030. Un compromiso que llevaba esperando 27 años, desde las acampadas del 0,7 %, aún tendrá que esperar, al menos, otros ocho años más. Sin embargo, para duplicar nuestro, ya de por sí enorme, gasto en defensa, la decisión ha sido inmediata. Para la industria de la guerra siempre hay presupuesto.

CAPÍTULO 32

Homeland Security

Ya hemos hablado a lo largo de esta publicación de la enorme repercusión e influencia en la concepción de la seguridad que tuvieron los atentados del 11 de septiembre de 2001. Pero es que a partir de esta fecha, y auspiciado en buena medida por la administración de George W. Bush en EE.UU. comienza a construirse una nueva idea de seguridad, una nueva doctrina conocida como "Homeland Security" (Seguridad Nacional). Con este concepto, se vinculan fuertemente seguridad internacional y seguridad interna, y se crea un nuevo marco mucho más amplio de amenazas para la seguridad: se habla de amenazas externas internacionales y de terrorismo, pero también se vincula al control de los movimientos de población (especialmente las migraciones), y también al control de la ciudadanía.

Fuerzas militares, pero también policiales y seguridad privada, tendrán un papel fundamental en un nuevo concepto de seguridad, en el que hay que combatir contra un enemigo mucho más difuso, más complejo, en un mundo en el que todos estamos bajo sospecha. Las crisis económicas, las migraciones o el cambio climático (que genera numerosos desplazados[26] por hambrunas y desertización), son situaciones de riesgo a las que hay que dar una respuesta desde el campo de la seguridad, y que no pueden estar basa-

---

26 Sobre cómo los conflictos violentos generan miles de desplazados ver como ejemplo el caso de Burkina Faso en la publicación: "Burkina Faso: Stopping the Spiral of Violence" (International Crisis Group). En: https://www.crisisgroup.org/africa/sahel/burkina-faso/287-burkina-faso-sortir-de-la-spirale- des-violences

das únicamente en respuestas militares tradicionales, como los conflictos armados declarados.

Evidentemente este nuevo modelo de seguridad abre todo un campo de negocio de dimensiones gigantescas. Numerosas empresas apuestan por la seguridad y especialmente en el desarrollo de las nuevas tecnologías en este ámbito: radares, sensores, cámaras, satélites, drones, dispositivos de identificación biométrica, gestión de Big Data de la propia ciudadanía, etc. son sólo algunos de los ejemplos de este enorme negocio que mueve miles de millones.

Se trata de un nuevo paradigma de seguridad. Y yo me atrevería a hablar de una verdadera reconversión de la industria militar hacia la industria de la seguridad, mucho más rentable económicamente (especialmente en las potencias occidentales).

A partir de ahí se produce un crecimiento espectacular de las empresas de seguridad privada desde el inicio del siglo XXI. Con numerosas empresas con beneficios multimillonarios, costeados por la propia ciudadanía y a costa de enormes recortes de los estados en gastos sociales, educación, salud, etc. En el año 2017, el Centro Delás, ya recogía en un informe[27] hasta 23 empresas militares y de seguridad con lobby declarado en Bruselas (en su mayoría también con oficina estable de representación), que obtenían cuantiosos fondos de las instituciones de la UE (casi 600 millones de euros), así como jugosos contratos de sus estados miembros.

El Homeland Security ya está en marcha, y también ha llegado a Europa.

---

27   La transformación del complejo militar-industrial, Centre Delás d'Estudis per la Pau y NOVACT (2017)

CAPÍTULO 33

El escáner marroquí (de fabricación USA)

En octubre de 2022, era la segunda vez que viajaba a Marruecos en coche a través del frío y desangelado puerto de Tánger Med. Recordaba que la vez anterior (hace aproximadamente diez años) también hubo una enorme demora en el puerto (especialmente para la entrada), pero esta ocasión iba a superar con creces cualquier experiencia previa.

Se trataba de un puente de octubre, tras la pandemia, pero con muy poca afluencia de coches y al llegar al puerto empezaron a dirigir a todos los vehículos hacia una cola que estaba detenida. En pocos minutos se agolparon entre 25 y 30 coches esperando no sabíamos muy bien qué. Poco después, al acercarnos vimos que se trataba de una especie de gigantesco escáner de seguridad para vehículos (que recordaba haber visto en la anterior ocasión), pero no parecía moverse. De hecho no parecía que nadie estuviese manejándolo. Un buen rato después, pareció que un par de personas entraban en la cabina de control para hacer algo, pero sin resultado. Nunca supimos si porque no sabían manejarlo o si estaban intentando repararlo. El caso es que permanecimos allí detenidos durante más de una hora, hasta que alguien decidió que había que hacer algo... y decidieron dejar pasar a todos los vehículos hacia un registro manual de seguridad con policías y perros.

Cinco días después, a nuestro regreso, volvimos a enfrentarnos al famoso escáner. Sólo que el escáner para los coches que iban a embarcar parece que no funcionaba (no sabíamos si sería el mismo de días atrás). Así que nos dirigieron a

todos los vehículos por un largo recorrido a través del puerto hacia el escáner para los vehículos que desembarcaban. Esto hizo que se unieran los vehículos que desembarcaban con los que embarcaban, en un mismo escáner con una enorme cola de más de un centenar de vehículos. Aquí pude ver que el escáner lucía un enorme escudo de una aguilucho bicéfalo, que dejaba claro que se trataba de un escáner de última tecnología estadounidense. Lo que no tengo tan claro es si había personal preparado para su utilización y disponían de recursos para solventar una avería o cualquier problema de funcionamiento.

A pesar de pasar por el escáner, nuestro vehículo fue registrado tres veces y nos pidieron nuestros pasaportes y billetes cinco veces. Todo esto hizo que, si bien llegamos al puerto a las 16h, para una salida que estaba prevista a las 18h, finalmente se demoró hasta las 21h (no había ningún problema meteorológico) y nuevos continuos controles en el lado español hicieron que nuestra llegada se demorara hasta casi las 4h de la madrugada. Total, casi 12 horas para un recorrido marítimo y fronterizo de apenas 14 kilómetros.

Posteriormente, pude leer al respecto como las relaciones entre Marruecos y España aún no se habían normalizado y probablemente por este motivo se estaba dificultando tanto el tránsito fronterizo (por ambos lados), utilizando para ello desmesurados controles de seguridad. Evidentemente, esto a quien estaba perjudicando especialmente era al país más pobre, el que tenía un escáner "Made in USA".

CAPÍTULO 34

Crisis económica e incremento del gasto en seguridad

En el año 2008 estalló la crisis económica, cuyo comienzo a nivel internacional lo sitúan muchos expertos tras la caída del gigante financiero Lehman Brothers, pero con un impacto demoledor en la economía mundial, que en España se tradujo en la quiebra de varios bancos y buena parte de nuestro sistema financiero. Sin embargo, el rescate bancario y las medidas impuestas por la UE, llevaron a España, pero también a otros estados de la Unión, a un enorme empobrecimiento de la población. Porque el coste de la crisis lo pagó la ciudadanía. Los recortes en sanidad, educación, servicios sociales, investigación, etc., nunca fueron subsanados. Ninguno de esos sectores ha logrado aún alcanzar el nivel previo a la crisis. Y en el caso de España los recortes siguen produciéndose en estos ámbitos, porque el nivel de endeudamiento continúa y pagar la deuda sigue siendo una prioridad (tal y como establece el artículo 135 de la Constitución, introducido de forma atropellada durante la crisis) por encima de las necesidades reales de la población.

Esta historia la conocemos de sobra, pero teniendo en cuenta lo sucedido desde entonces tenemos que preguntarnos por qué no se han producido esos mismos recortes en el ámbito de la seguridad durante todos estos años. Por qué la crisis no ha afectado en ningún momento a este sector y, por el contrario, ha vivido de forma continuada y desde principios de siglo, su mayor expansión económica. Podríamos empezar a citar cifras, o repetir buena parte de los datos ya aportados a lo largo de esta publicación. Pero cualquiera de nosotros ha visto a lo largo de estos doce años desde el comienzo de la crisis, cómo el número de dispositivos, nuevas tecnologías, drones, vigilantes de seguridad privada, etc. no ha dejado de crecer. Cualquiera de nosotros ha podido ver cómo, al volver a una oficina de una u otra administración, o a un ayuntamiento, donde antes no había un control de seguridad, ahora sí lo hay. Donde antes había un arco, ahora hay un arco y un escáner de rayos X. Donde antes había un escáner y un arco de seguridad, ahora hay dos; uno de ellos mejorado, de última tecnología, con mayor resolución, calidad de imagen y sensibilidad más alta (aunque esté apagado porque sea tan innovador que nadie sepa aún cómo manejarlo).

La pregunta es si los ciudadanos y ciudadanas nos sentimos más seguros con esta costosa y discutible política de seguridad o pensamos que nuestra seguridad se mide con otros parámetros. Lamentablemente, los cambios de gobierno tampoco parecen haber cambiado esto. En diciembre de 2020, con la aprobación del presupuesto de 2021, el primer presupuesto del nuevo gobierno "progresista" de PSOE y Unidas PODEMOS, nos llevamos la lamentable sorpresa de ver cómo una de las partidas que más habían crecido era la del gasto en el Ministerio de Defensa, con un incremento de hasta el 10,3 %[28] (incluyendo aquellas partidas escondidas y repartidas en otros ministerios). En plena pandemia por el COVID 19, el gasto en I+D militar triplicaba al destinado a la investigación sanitaria.

---

28   Análisis crítico del Presupuesto de Defensa del año 2021, informe publicado por el Centro Delás, en diciembre de 2020. Ver en: www.centrodelas.org

CAPÍTULO 35

Los atentados de Barcelona y la huelga de empresas de seguridad

Como ya relatábamos en el segundo capítulo, en agosto de 2017 estalló una huelga de los vigilantes de seguridad del aeropuerto del Prat en Barcelona. Los trabajadores protestaban por las condiciones laborales de la empresa EULEN (largas jornadas de trabajo). Sin embargo, poco tiempo después, los trabajadores se vieron obligados a suspender dicha huelga.

El jueves 17 de agosto de 2017, una furgoneta atropellaba a decenas de personas en las Ramblas, con otro atropello de varias personas por un segundo vehículo en Cambrils, en total hubo 16 víctimas mortales. Como consecuencia de este atentado terrorista, los trabajadores decidieron suspender la huelga. La repercusión de los atentados a nivel nacional, también afectó a otras protestas de vigilantes de seguridad en Santiago (PROSEGUR) o en el aeropuerto de La Coruña, que también fueron suspendidas. Los problemas laborales de estos trabajadores no sólo se daban en Barcelona.

En junio de 2018, la empresa concesionaria de la seguridad en el Aeropuerto del Prat, pasó a ser Trablisa (Transportes y Blindados SA), una vez que EULEN no intentara renovar la adjudicación. Sin embargo, los conflictos laborales con los trabajadores lejos de solucionarse, continuaron. En el verano de 2019 los vigilantes de seguridad del aeropuerto de Barcelona volvieron a la huelga.

CAPÍTULO 36

Seguridad ciudadana: como presentar una denuncia y no morir en el intento

El 13 de agosto de 2019 me dirigía a pasar unos días de vacaciones con mi familia en Zaráuz. Habíamos reservado vía web cuatro noches en un apartamento cercano a la playa, pero el día antes de nuestra salida ya empezamos a preocuparnos. Comenzamos el viaje sin tener respuesta al e-mail para comunicar nuestra llegada, del mismo modo que nadie contestaba a los teléfonos de contacto a los que, supuestamente, teníamos que llamar antes de nuestra llegada. Habíamos adelantado la mitad del importe como reserva y empezábamos a temernos lo peor.

Efectivamente, se trataba de una estafa (como muchas otras de las que están proliferando con el mercado negro de los apartamentos y viviendas turísticas) y estábamos sin alojamiento. No obstante, la buena disposición de la Oficina de Turismo de Zaráuz hizo que todo se solventara en buena medida (nos encontraron alojamiento de última hora) y pudimos pasar algunos días alojados allí como teníamos programado desde hacía meses.

Evidentemente, era importante proceder a la denuncia lo antes posible. Cualquier documento informativo, folleto o tratado sobre seguridad y colaboración ciudadana, insiste continuamente en la importancia de denunciar y de hacerlo lo antes posible (en el campo de la psicología se insiste mucho en el progresivo deterioro de los recuerdos a la hora de narrar lo sucedido y dar la información lo más detallada posible, algo vital en cualquier investigación). Pero la policía a veces parece que tiene otro "modus operandi". No voy a detenerme aquí en señalar las diferencias o comparar una u otra policía autonómica, no sé cuál es mejor o peor, sólo sé que en este caso ocurrió con la Ertzaintza, pero me temo que la anécdota podía haber ocurrido con cualquier otro cuerpo...

El caso es que al llegar la comisaría de Zaráuz (a las 20h30 aproximadamente), situada en el interior de un viejo caserón histórico, vimos otra pareja que acababa de llegar, y una familia extranjera (de Filipinas, según afirmaban). Entrando a la derecha, en la recepción, tras una pantalla acristalada de considerable grosor, un policía parecía fingir no habernos visto, tras ver mi insistencia en saludar, comenzó a decirme algo sin hacer uso del micrófono. Cuando hizo uso del micrófono tampoco se le entendía (puedo asegurar que no estaba hablando en euskera) y finalmente salió de la oficina por una puerta lateral y se dirigió a nosotros de forma apresurada para preguntarnos qué queríamos. Le explicamos brevemente lo sucedido y que veníamos a presentar la correspondiente denuncia por estafa, tal y como nos habían pedido también que hiciésemos cuanto antes desde la Oficina de Turismo. El Policía se dirigió a nosotros de forma brusca y nos dijo que en estos momentos estaban desbordados (yo insisto en que no vi a nadie más que la pareja recién llegada y la familia filipina) y que no podían hacer nada, que volviésemos otro día o llamásemos antes para ver si podían atendernos pero que tampoco podía asegurarnos nada. Yo le insistí en que no pensábamos estar allí más que un par de días más y que la oficina de turismo nos había recomendado hacer la denuncia cuanto antes, pero el policía, sorprendentemente, nos dijo: *"eso es una tontería, la denuncia la pueden presentar en otro momento o cuando regresen a su ciudad, de todos modos ya da igual, ya les han estafado..."*. Sorprendido por la actitud del policía le contesté que tal vez no diese tan igual, más allá de que no pudiésemos recuperar nuestro dinero, entendíamos que nuestra denuncia podía ser útil para que otras personas no fuesen también estafadas. En ese momento, otros dos policías parece que se percataron de la situación (a pesar de que el policía que hablaba con nosotros seguía indicándonos el camino de salida) y uno de ellos se acercó a nosotros. Cuando el policía nos decía: *"aquí está el comisario y les puede confirmar como estamos..."*, en ese mismo momento fue interrumpido por el comisario, que nos preguntó por nuestro caso, mientras daba vueltas de un lado a otro y al mismo tiempo nos decía que esperásemos un momento a ver si podían hacer algo. El policía poco interesado en que presentásemos la denuncia se volvió apresuradamente y contrariado a su "pecera" de cristal blindado.

Tenemos que decir que el comisario entró y salió varias veces de una oficina, afirmando que estaba buscando un despacho libre, pero en todo momento interesándose por nosotros, insistiendo en que esperásemos, y asegurándose de que no nos hubiésemos ido. Nos indicó también dónde estaban los servicios y preguntándonos si necesitábamos algo. Pero cuando apenas llevábamos un cuarto de hora de espera (sigo pensando que no era un tiempo excesivo teniendo en cuenta que, supuestamente, estaban desbordados y que he llegado a esperar mucho más para denunciar en otras comisarías) volvió a salir el policía de la "pecera" y nuevamente: *"he hablado con el comisario y como les he dicho, seguimos desbordados..."* y puso la "guinda": *"porque los temas que tenemos hoy aquí son mucho más importantes que los suyos, así que les recomiendo que se vayan por ahí a dar una vuelta y a hacer turismo y nosotros les llamaremos en cuanto podamos..."*. Sin que nos diese tiempo a reaccionar y todavía con nuestra cara de asombro, a continuación vuelve a aparecer el comisario y nos dice que esperemos un momento que ya se iba a quedar una compañera libre para tomarnos declaración.

Tengo que reconocer que, finalmente y gracias al comisario, pudimos poner la denuncia. Y que nos atendió una mujer muy amablemente, que además estaba trabajando intensamente en este tema con numerosos casos en los últimos meses (y que, obviamente, necesitaba más denuncias...). Pero también tengo que decir que, hasta ese momento, nunca había visto un policía tan interesado en que no presentásemos una denuncia...

Afortunadamente las vacaciones fueron muy bien, y de vez en cuando recuerdo lo sucedido esperando con ilusión alguna noticia de Zaráuz, para saber lo que ocurrió con aquella denuncia.

CAPÍTULO 37
El virus

Pues mientras le dábamos forma a esta publicación, nos pilló el virus. Y las reglas del juego cambiaron, y todo se complicó más... Lo primero que me asaltaron fueron dudas, muchas dudas, que aún sigo teniendo y decidí volcar en el último capítulo.

¿En qué medida han afectado a esta crisis sin precedentes los brutales recortes en sanidad e investigación? ¿Qué parte de la crisis le toca al virus y cuál le corresponde a los recortes?

¿Podría haber ocurrido exactamente lo mismo con otro virus y éste sólo ha sido la gota que colmó el vaso? ¿Por qué tenemos que importar masivamente todo el material de países como China? ¿Por qué decidimos desmantelar toda nuestra industria para deslocalizar la producción en estos países? Las dificultades de todos los estados para adquirir masivamente productos como mascarillas, tests, respiradores, etc., están a la vista.

Y volviendo al tema de la seguridad, ¿por qué son militares con una ristra de medallas los que comenzaron a informarnos en los medios de la "guerra" contra el virus? ¿No deberían ser siempre médicos, epidemiólogos o científicos los que realizaran esta función? ¿Por qué tenemos tantos militares y fuerzas de seguridad para controlar todas nuestras calles y nuestros pueblos y sin embargo no tenemos personal sanitario suficiente para frenar esta crisis? Porqué no olvidemos que, en definitiva, son ellos, los sanitarios, los médicos, enfermeros, auxiliares, investigadores,... los que, en definitiva, podían sacarnos de esta crisis. Pero una vez más, la seguridad vuelve a hacer acto de presencia y enseña la patita para intentar decirnos que este nuevo modelo está aquí para quedarse. Eso es lo que nos dice también la imagen de miles y miles de vigilantes de seguridad privada desplegados también por nuestros supermercados, dando órdenes a la población, restringiendo (a veces sin mucho sentido, y menos aún criterio científico) lo que podemos o no hacer, si podemos sentarnos, hablar o respirar... ¿Cuánto van a ganar estas empresas de seguridad privada con esta crisis?

No entro en juzgar si estas medidas establecidas ante la gravedad de la pandemia (que tampoco pongo en duda) son o no las adecuadas Pero me preocupaba aún más lo que pasaría el día después, una vez finalizado el estado de alarma, y el subsiguiente periodo de incorporación progresiva a la normalidad.

Me preocupaba el papel que seguirá desempeñando años después todo este despliegue de seguridad. Me preocupa muy especialmente que pueda ser también un recurso para la crisis posterior, en un país con ocho o diez millones de desempleados y con una alarmante crisis económica. La pregunta es ¿a quién corresponderá el protagonismo para salir de la crisis posterior? ¿a las medidas sociales con un reforzamiento del papel del estado en lo público o a la industria de la seguridad?

Tras meses de progresivas restricciones, el lunes 26 de octubre, en pleno auge de la segunda ola de la pandemia, el mismo día que se aprobaba un nuevo estado de alarma con duras medidas para toda la población, el director de El Español (Pedro J. Ramirez) organiza una lujosa fiesta de entrega de premios en el casino de Madrid. Al evento se sabe que asistieron no menos de 80 personas (algunas fuentes elevaban el número hasta las 150). Entre los asistentes varios ministros, (entre ellos el de sanidad) numerosos políticos de PSOE, PP y Ciudadanos, muchos de ellos aparecían en las fotos sin mascarilla y con una distancia de seguridad más que discutible. Entre los asistentes también estaba el alto mando militar cargado de medallas que meses atrás nos informaba de la "guerra" contra el virus. Eso sí, sin mascarilla.

El 23 de Enero de 2021, este mismo militar cargado de medallas, ni más ni menos que el JEMAD (Jefe del Estado Mayor de la Defensa) tuvo que presentar su dimisión, tras haberse destapado que él y otros mandos militares (la Ministra de Defensa tuvo que hacer de "cortafuegos" para que no se conociesen todos los nombres) se habían vacunado de COVID19 antes de que les correspondiese, saltándose el protocolo y los grupos prioritarios de inmunización establecidos. El militar que casi un año antes nos daba lecciones de disciplina y espíritu de sacrificio para afrontar la pandemia, abandonó su cargo afirmando que lo hacía "con la conciencia tranquila".[29]

A lo largo del año 2022 la pandemia fue pasando a un segundo plano y progresivamente volvímos a la normalidad. Y ya en 2023, la obligación de utilizar mascarillas se eliminaría también en el transporte público, restringiéndose la obligatoriedad a los centros sanitarios.

Sin embargo, esta normalización no llegó a buena parte de las administraciones y muchas oficinas siguen teniendo restringido el acceso a la ciudadanía, únicamente con cita previa, y fuertemente custodiados por vigilantes de seguridad (véase las oficinas de la Seguridad Social, Dirección General de Tráfico, oficinas municipales, etc...). En la mayoría de ellas se aprovechó la pandemia para implantar por las bravas una complicadísima administración electrónica, contribuyendo así a incrementar enormemente la brecha

---

29 *El JEMAD dimite "con la conciencia tranquila" tras vacunarse de la covid antes de hora.* Artículo de Joaquín Vera publicado en el diario La Vanguardia, el 24 de Enero de 2021. Disponible en: https://www.lavanguardia.com/politica/20210124/6193987/jemad-dimite-conciencia-tranquila-vacunarse-covid.html

digital, especialmente con nuestros mayores, que para obtener una cita tienen que elegir entre hacer numerosas y largas llamadas para hablar con un operador o intentar acceder a través de internet a algunas de las escasas citas disponibles. Un lamentable ejemplo de ello es el de miles de personas en nuestro país que tendrían derecho a acceder al Ingreso Mínimo Vital (IMV) pero siguen perdidos año tras año en un enorme laberinto burocrático que sólo pueden intentar resolver a través de internet. Estas son algunas de las consecuencias sociales de la pandemia (y no corregidas), de las que apenas nos hablaron, pero con un considerable impacto en la ciudadanía, especialmente en los más vulnerables.

Todos los hechos y personajes (que mejor forma de llamarlos) mencionados y descritos en este libro son absolutamente reales, no me invento nada, y a muchos de los "responsables" podría nombrarlos con nombres y apellidos.

Bibliografía y otras referencias

Sobre el miedo al delito y otros miedos: el ciudadano-víctima y la inseguridad transversalizada (Artículo de Carlos Rodríguez Garcés, Geraldo Padilla Fuentes y Valentina Durán Acuña, Política y Sociedad, Ediciones Complutense, Madrid 2017)

Miedo y seguridad. Dispositivos de la contención conservadora y de la modulación neoliberal (Artículo de Fernández de Rota Irimia, Antón J.,; Diz, Carlos, en Athenea Digital, Revista de Pensamiento e Investigación Social, vol 19, n1, Universidad Autónoma de Barcelona, 2019, España)

La sociedad del miedo y la inseguridad: La construcción de un modelo político y social penalizando la pobreza y la marginalidad (Artículo de Eduardo Paz Rada, Temas sociales 33, 2019, La Paz, Bolivia)

MacLean, Paul D. (1990). The triune brain in evolution: role in paleocerebral functions. Nueva York: Plenum Press

Manos arriba y quítese los zapatos, Artículo de Federico Utrera, publicado en la Revista INTERVIU el 21 de Enero de 2018.

¿De verdad es tan peligroso mi neceser?, Artículo de Abel Grau y Elena G. Sevillano, publicado en el Diario El País, el 7 de Agosto de 2008. Disponible en: https://elpais.com/diario/2008/08/07/sociedad/1218060001_850215.html

Reglamento (CE) 1546/2006 de la Comisión Europea, de 4 de Octubre de 2006, que modifica el Reglamento (CE) nº662/2003 por el que se establecen medidas para la aplicación de las normas comunes de seguridad aérea. Disponible en: https://www.boe.es/doue/2006/286/L00006-00007.pdf

Reglamento (CE) 820/2008 de la Comisión Europea, de 8 de Agosto de 2008, por el que se establecen medidas para la aplicación de las normas básicas comunes de seguridad aérea. Disponible en: https://www.seguridadaerea.gob.es/media/4284467/regl_ce_820_2008.pdf

La mentira sobre los atentados con explosivo líquido, Artículo de James Petras, publicado en Voltairenet.org el 1 de Septiembre de 2006. Disponible en: https://www.voltairenet.org/article143300.html

Milgram, Stanley. *Behavioral Study of Obedience.* En *Journal of Abnormal and Social Psychology* nº 67 (1963).

Milgram, Stanley., *Obedience to Authority, An Experimental View.* Harpercollins (ISBN 0-06- 131983-X) (1974).

Craig Haney, Curtis Banks y Philip Zimbardo, *Interpersonal Dynamics in a Simulated Prison (Department of Psychology, Stanford University, California 94305, USA)* en International Journal of Criminology and Penology, 1, 69-97 (1973).

Aldeasa controlará las tiendas "duty free" de todos los aeropuertos de España, Artículo de Álvaro Romero y Carmen Riu, publicado en el Diario El País, el 10 de Diciembre de 2012. Disponible en: https://elpais.com/economia/2012/12/10/actualidad/1355144722_626949.html

2018: un año clave para la seguridad en España, Artículo de Marta Romero publicado el 7 de Febrero de 2018 en la web de la Asociación Española de Auditores de Seguridad.

Disponible en: https://www.auditoresseguridad.es/single-post/2018-el-año-para-seguridad-privada.

La España asustadiza: cada vez se instalan más alarmas mientras los robos bajan, Artículo de María Zuil y D. Grasso (datos) publicado en El Confidencial, el 15 de Diciembre de 2018. Disponible en: https://www.elconfidencial.com/espana/2018-12-15/marketing-miedo- anuncios-alarmas-robos_1705610/

Informe "Armas bajo control", publicado en 2012 por Amnistía Internacional, Fundació per la Pau, Greenpeace, Intermon Oxfam y el IECAH (Instituto de Estudios sobre Conflictos y Acción Humanitaria). Disponible en: http://archivo-es.greenpeace.org/espana/Global/espana/report/desarme/InformeExportacionesArmas2011.pdf

Madrid extremará la seguridad durante el Orgullo, Artículo de F. Javier Barroso, publicado en el diario El País el 19 de Junio de 2017. Disponible en: https://elpais.com/ccaa/2017/06/18/madrid/1497798745_223639.html

El Orgullo Gay convierte a Madrid en una ciudad tomada por la Policía, Artículo de Olga Pereda, publicado en el diario El Periódico, el 30 de Junio de 2017. Disponible en: https://www.elperiodico.com/es/sociedad/20170629/orgullo-gay-madrid-ciudad-tomada-policia-6136597

WPB (World Prison Brief), online database del Institute for Crime & Justice Policy Research (ICPR) de Birbeck, University of London (Últimos datos publicados en Noviembre de 2018)

Interior destina más del 80% de presupuesto a seguridad ciudadana y dota con 1.272 millones a prisiones (Europa Press, Artículo del 13/10/2021)

La seguridad hecha beneficio: las cárceles privadas en Estados Unidos, Artículo publicado por Fernando Arancón en la web El orden mundial, el 8 de Noviembre de 2016. Disponible en: http://elordenmundial.com/2016/11/08/

Las cárceles privadas de EEUU suben más del 100% en bolsa desde que Trump es presidente, Artículo de Víctor Blanco Moro, Publicado en el Economista.es, el 8 de Mayo de 2017.

Disponible en:

https://www.eleconomista.es/mercados-cotizaciones/ noticias/8343728/05/17/Las-carceles-privadas-   de-EEUU-CoreCivic-y-Geo-Group-suben-mas-del-100-en-bol-sa-desde-que-Trump-es-presidente.html

El baile de las concertinas: España las quita y Marruecos las pone (con dinero de la UE), Artículo de Miguel Riaño, publicado en El Independiente, el 30 de Enero de 2019.

Disponible en:

https://www.elindependiente.com/politica/2019/01/30/ concertinas-marruecos-las- pone-espana-las-quita/

El Gobierno retirará todas las concertinas de Ceuta y Melilla "a corto plazo", Artículo de Pablo Herráiz en el diario El Mundo, publicado el 18 de Enero de 2019. Disponible en: https://www.elmundo.es/espana/2019/01/18/5c41e-1c621efa0674e8b4643.html

Marlaska anuncia que las concertinas de las vallas de Ceuta y Melilla se retirarán "en las próximas semanas". Artículo publicado en El Diario.es, el 23 de Febrero de 2019. Disponible en:

https://www.eldiario.es/desalambre/Interior-em-pezara-concertinas-fronterizo-Ceuta_0_871063186.html

Pernia Ibáñez, L., Rodríguez Candela, J.L., Ruiz Enciso, G; Centros de internamiento de Extranjero, Cárceles encubiertas. Plataforma de Solidaridad con los/las Inmigrantes de Málaga. Ed. Gakoa 2010.

Informe CIE 2018 "Discriminación de origen, Publicado por el Servicio Jesuita a Migrantes en Junio de 2019. Disponible en: https://sjme.org/wp-content/uploads/2019/06/Informe-CIE- 2018-SJM.pdf

Europa abraza los centros de detención de extranjeros. Artículo de Ana Carbajosa, publicado en el diario El País, el 25 de Marzo de 2017. Disponible en: https://elpais.com/politica/2017/02/10/actualidad/1486740573_083835.html

Libia, esclavitud africana, normalidad europea. Artículo de Santiago Alba Rico, publicado en el diario El Salto el 5 de Diciembre de 2017. Disponible en: https://www.elsaltodiario.com/fronteras/libia-esclavitud-africana-normalidad-europea

D. Wezeman, Pieter; Fleurant, Aude; Kuimova, Alexandra; López Da Silva, Diego; Nan Tian,; Wezeman, Simon T., Trends in international Arms Transfers, 2019 Stockholm International Peace Research Institute (SIPRI) (2020)

¿Invierte tu banco en armas?. Artículo de Iván Pastor, publicado en el diario El Salto el 15 de Noviembre de 2018. Disponible en:

https://www.elsaltodiario.com/antimilitarismo/invierte-banco-armas-banca-armada-delas-industria

Burkina Faso: Stopping the Spiral of Violence, Africa Report nº287, 24 de Febrero de 2020, International Crisis Group. Disponible en: https://www.crisisgroup.org/africa/sahel/burkina- faso/287-burkina-faso-sortir-de-la-spirale-des-violences

Calvo Rufanges, J., Bohigas, X., De Fortuny, T., Ruiz, A., Daza, F., Díaz, C., Carter Jr., J.A., La transformación del complejo militar-industrial, Centre Delás d'Estudis per la Pau y NOVACT (International Institute for Nonviolent Action) (2017)

Ortega P., Bohígas X., y Sánchez Q. Análisis crítico del Presupuesto de Defensa del año 2021. Del optimismo social al pesimismo en Defensa, publicado en Diciembre de 2020 por Centre Delás d'Estudis per la Pau. Disponible en: www. centrodelas.org

Los vigilantes del El Prat aplazan la huelga por el atentado terrorista en las Ramblas. Artículo de M. Valero publicado en el diario El Confidencial, el 17 de Agosto de 2017. Disponible en: https://www.elconfidencial.com/economia/2017-08-17/ los-vigilantes-de-el-prat-aplazan-la- huelga-por-el-atentado-terrorista-en-las-ramblas_1430116/

Claves, cifras y actores en el conflicto del aeropuerto Barcelona-El Prat. Artículo de Iñaki Pardo Torregrosa publicado en el diario La Vanguardia, el 9 de Agosto de 2019. Disponible en: https://www.lavanguardia.com/ economia/20190809/463948740581/claves-cifras-actores- conflicto-aeropuerto-barcelona-el-prat.html

El JEMAD dimite "con la conciencia tranquila" tras vacunarse de la covid antes de hora. Artículo de Joaquín Vera publicado en el diario La Vanguardia, el 24 de Enero de 2021. Disponible en: https://www.lavanguardia.com/ politica/20210124/6193987/jemad-dimite-conciencia-tranquila-vacunarse-covid.html

Índice

Mochila económica

En un ejercicio de transparencia, hemos decidido exponer cuáles son los costes que hay detrás de la publicación de cada libro. Creemos totalmente necesaria la accesibilidad a la cultura y la necesidad de generarla desde posiciones críticas. Intentamos que los precios de nuestros libros no sean desorbitados pero que, a su vez, sean viables para sostener el proyecto. Esperamos que esto ayude a las lectoras a tomar conciencia de lo que supone hacer un libro.

El precio de venta de este libro se divide de la siguiente forma:

Trabajo de impresión y post-impresión:	3,018 €
Trabajo de edición:	0,815 €
Recuperación de la inversión	2,591
Autoría:	1,5€
Trabajo de distribución:	2€
Librería u otras:	4,5€
IVA:	0,577€

PVP:	15€

Ecología del libro

Cada vez que se comparte un libro, el impacto ecológico de haberlo producido se divide entre dos. Si se comparte una segunda vez, esta división se multiplica, a su vez, por dos. Y así, hasta el infinito.

Por este motivo incluimos, en cada una de nuestras ediciones, una hoja de más para que se anoten las personas que han compartido el mismo libro.

Nombre	Fecha	Lugar

Este libro fue acabado de maquetar, imprimir y encuadernar en
los talleres de Descontrol Editorial & Impremta SCCL
durante el invierno de 2025.
Mientras el fascismo securitario aumenta en todo el mundo,
apostamos por revertir sus discursos
planteando alternativas al control y al autoritarismo.